Das Buch

Gott ist im Mai 2004 umgezogen, von der Choriner 63 in die 61. Weil die Leute dort nicht so spießig sind. Gegen Spießer hat Gott nämlich eine Aversion. Da ist ihm der schnoddrige Ahne viel lieber. Ahne wohnt in der Nähe und unterhält sich öfter mit Gott. Gesprächsthemen gibt es immer. Denn auch bei Gott fällt einmal Strom und Wasser aus, nerven die Nachbarn und die Hausarbeit muss gemacht werden. Und Ahne ist ein echter Kumpel, der Gott auch mal Geld leiht oder hin und wieder etwas aus der Kaufhalle mitbringt.

Ahnes *Zwiegespräche mit Gott* sind wahre Wort-Kunststücke. Sie berichten von den Berg- und Talfahrten des Alltags – und das in geschliffenem Berlinerisch. Mit hintersinnigem Humor, nicht immer präziser Logik, aber immer nah dran an den wirklich wichtigen Dingen des Lebens präsentieren sie unseren Schöpfer in nie gekannter Menschlichkeit.

Der Autor

Ahne, 1968 in Berlin-Buch geboren, ist gelernter Offset-Drucker. Die Wende war für ihn ein Glücksfall: Er wurde arbeitslos und Vater. Jeden Sonntag liest er nach der Tagesschau bei der Reformbühne Heim & Welt im Kaffee Burger, er war überdies etliche Jahre bei den Surfpoeten aktiv. Besuchen Sie den Autor im Internet unter www.ahne-international.de

Ahne

Zwiegespräche mit Gott

Die ersten beiden Schriften

Ullstein

Besuchen Sie uns im Internet:
www.ullstein-taschenbuch.de

MIX
Papier aus verantwor-
tungsvollen Quellen
FSC® C006701
FSC
www.fsc.org

Ungekürzte Ausgabe im Ullstein Taschenbuch
1. Auflage Dezember 2011
© für »Zwiegespräche mit Gott«
by Voland & Quist – Greinus und Wolter GbR 2007
© für »Neue Zwiegespräche mit Gott«
by Voland & Quist – Greinus und Wolter GbR 2009
Umschlaggestaltung: ZERO Werbeagentur, München
Titelabbildung: © Marcel Theinert und Mario Helbing
Papier: Pamo Super von Arctic Paper Mochenwangen GmbH
Druck und Bindearbeiten: CPI – Ebner & Spiegel, Ulm
Printed in Germany
ISBN 978-3-548-37407-9

Die erste Schrift

Ich widme dieses Buch dem Zweifel.

Zwiegespräche mit Gott | *heute:*

Vorwort

Es ist Winter und Ahne steht unter der Zuganzeige am Alexander-
platz. Aufgrund der Klimaerwärmung hat er seine Jacke offen
gelassen. Soll jeder sehn, die Zeichen der Zeit. Und den Pullover,
den er drunter trägt. Ahne ist nämlich nicht nur wegen seinen
Geschichten berühmt, sondern ebenso wegen dem Pullover.

Ein ganz besonderer Pullover ist das, der seine Farbe verändern
kann und sogar das Muster. Gerade ist er hellblau, mit zwei
breiten weißen Querstreifen über der Brust. Ahne hat gute Laune.
Auftritt in einem Einkaufszentrum, wie ein abgehalfterter
Schlagersänger. Ein echtes Abenteuer. Der Regionalexpress fährt
ein und Ahne nippt an seinem Kaffee.

Im Fahrradabteil sind noch Klappsitze frei. Als der Zug anfährt,
fängt das kleine Mädchen gegenüber an zu plärren. Aber Ahne fin-
det das nicht schlimm. Er sitzt auf seinem Schriftsteller-Stern
und hat sein Teleskop auf die Erde gerichtet. Aus der Ferne winkt
er dem Mädchen zu und lächelt dabei. Die Mutter zieht das Kind
reflexartig an die Brust. Für einen Moment verfärbt sich Ahnes
Pullover dunkelgrau. Es ist zuviel Misstrauen in der Welt. Davon
muss ich unbedingt Gott berichten. Gott kann seine Augen ja nicht
überall haben. Das wäre viel zu glitschig für die Leute.

Draußen ziehen die Lichter Berlins vorüber, erst hundertfach,
dann immer spärlicher. Nach einer halben Stunde hält der Zug in
Potsdam.

Vom Bahnsteig wirft Ahne einen Blick zurück in das Fahrradabteil.
Das Mädchen lächelt ihm hinterher. Er winkt noch einmal.

Mit der Straßenbahn ist er bis in das Neubaugebiet gefahren. Jetzt
betritt er das Stern-Center, einen Glaspalast von den Ausmaßen
des Saarlands. Heute mit Literaturprogramm. Ahne schlittert über
die Fliesen, weicht den Hastenden und Betrunkenen aus. Überall
Menschen. Menschen mit Einkaufswagen, Menschen mit Hun-
den, Menschen mit Menschen. Die Farbe des Pullovers wechselt

gegen das Bunt der Schaufensterauslagen. Die Bühne hat man genau in die Mitte gebaut. Drauf schwitzen zwei Buchhändlerinnen und versteigern Bestseller von Hera Lind. Ein Bier wäre jetzt gut, denkt Ahne, und schleicht vorüber, als hätte er nichts gesehen.

Vor dem Supermarkt steht einer der anderen Schriftsteller. Tach Ahne, die Akustik ist scheiße. Ahne zuckt mit den Schultern. Doch egal.

Beide gehen hinein und Ahne entscheidet sich für die Sorte mit dem Bergmann auf dem Etikett. Beim Bezahlen fragt er die Kassiererin, ob sie einen Flaschenöffner hätte. Dann galoppieren sie zurück zur Bühne.

Um die Bierflaschen vor der Security abzuschirmen, hat der andere Schriftsteller seinen Rucksack auf den Stehtisch drapiert. Aber Ahne legt demonstrativ den Kopf in den Nacken, wenn er trinkt. Niemand beschwert sich.

Eine junge Frau kommt hinzu. Sie hat das alles organisiert. Ihr ist das peinlich. Die großkotzige Bühne und so. Mitten im Center! Ahne zwinkert. Doch egal, sagt er wieder, wir sind alles Freunde hier. Der Pullover ist hellblau, aber die Streifen über der Brust sind schmaler geworden.

Nachdem die Bücher versteigert sind, fragen die Buchhändlerinnen nach Handtüchern. Gerade noch rechtzeitig erscheint der dritte Vorleser. Seit er in Eisenach das Publikum beleidigt hat, geht er auf Krücken. Es macht ihm Schwierigkeiten, mit auf die Bühne zu gelangen.

Man sieht an der braunen Färbung des Pullovers, dass Ahne schon ein bisschen angetrunken ist. Während er an das Mikrofon tritt und dabei einen weiteren Schluck Bier nimmt, bemerkt er die bedrückend hohe Kuppel über sich. Er taumelt kurz, fängt sich aber wieder und sagt: Ich singe jetzt ein Lied für euch! Kurz darauf schallt es durch das ganze Einkaufszentrum: Ich bin kein Hip-Hopper! Ich bin kein Hip-Hopper! Ich bin Gangster. Woh-hohoho, Gangster!

Neben einer Handvoll Hausfrauen, die bei der Versteigerung zu kurz gekommen sind, sitzen nur ein paar Punker auf den Plastikstühlen vor der Bühne. Für Ahne ist aber nicht wichtig, wie groß das Publikum ist. Er liest und singt für jeden einzelnen. Ahne schreibt mit seiner eigenen Stimme. Manche Schriftsteller suchen ein Leben lang danach oder lernen auf Workshops und Kursen, wie andere Schriftsteller zu denken. Ahne schreibt wie Ahne. Dafür, und für seinen Pullover, lieben ihn die Leute.

Bei der Lesung kommt keine Langeweile auf. Die drei Schriftsteller mögen sich gegenseitig. Sie kennen sich schon viele Jahre und lachen sich fortwährend an.

Nach zwei Stunden ist das Stern-Center trotzdem so gut wie menschenleer; nur die Punker sitzen noch da, und drei Männer von der Security, die auf den Feierabend warten. Einer der Punker hält eine Tüte mit Bier zwischen den Knien. Obwohl die Farbe des Pullovers bereits ins Weinrote schlägt, lässt sich Ahne gerne noch eins schenken.

Die drei Kollegen fahren mit der Straßenbahn zum Bahnhof. Wir könnten doch noch was unternehmen, sagt Ahne fröhlich. Aber die anderen beiden wissen, was er damit meint: Feiern bis zum Morgen. Nee, sagen sie, aber vielleicht beim nächsten Mal wieder. Ahne sieht aus dem Fenster. Das soll nun also der Winter sein. Da muss ich unbedingt Gott von berichten.

Und wie er das denkt, beginnt es zu schneien, in großen, tanzenden Flocken. Und gleichzeitig traben Rentiere über den Pullover, bis hinauf zwischen die Streifen über der Brust. Dort bleiben sie. Stimmt schon, sagt Ahne in die Nacht hinaus, ich hab ja auch noch was zu tun.

Konrad Endler

A: Na Gott.

G: Na.

A: Na, jehts?

G: Jeht.

A: Ick war inne Schweiz.

G: Kuck an.

A: Ja. War jut. Ein perfektet Land.

G: Meinste?

A: Meinick. Die warn da alle voll nett und allet hat funktioniert. Perfekt funktioniert, wie 'n Schweiza Uhrwerk. Und die Natur is ooch janz jut da. Die funktioniert ooch janz jut. Und dit Essen erstma. Die ham da so dicke Jemüsekuchen und dünne Käsetorten und zu Croissant sagt man Gipfel.

G: Is ja ... interessant.

A: Ja wa, und die Züge, da kann man drin seine Beene soja ausstrecken richtich. Nich so wie bei uns, wo man fast stürbt, wenn man Zuch fährt.

G: Ick bin noch nie fast jestorben, bein Zuchfahrn.

A: Warste einklich schonma inne Schweiz, Gott?

G: Sicha warick schonma inne Schweiz.

A: Wo warst'n da, inne Schweiz?

G: In Wien. Nee, war 'n Scherz. Ick war natürlich schon übaall inne Schweiz.

A: Ooch inne Französische Schweiz?

G: Sicha.

A: Und inne Italienische Schweiz?

G: Locka.

A: Inne Rätoromanische?

G: Mann, ick weeß wat jetz kommt, jetz is glei die Märkische Schweiz dran, die Sächsische, die Böhmische undsoweita, undsoweita, da fall ick nich druff rin, billige Pointe.

A: Jibs aba, die Rätoromanische.

G: Sicha,jenau wie Rumpelstielzchen, Batman oda die Vollbe-
schäftigung. Mann, ick hab echt Wichtigeret zu tun, als mich mit
so ne Kinkalitzchen abzujeben.

A: Wat haste denn zu tun?

G: Ick muss umziehn.

A: Inne USA?

G: Quatsch, ick zieh inne 61. Inne Chorina 61.

A: Warum denn?

G: Ick brauch Luftvaänderung. Ick erstick hier bald noch, in diese
Kleinbürgaluft.

A: Kleinbürgaluft?

G: Ja, dit sind doch allet nur Kleinbürga hier. Dit is mir einfach zu
eng. Wie die imma kucken. Grade die 'n Stockwerk drüba. Haste
die ma jesehn, in Action?

A: Habick nich, nee.

G: Na, ick warne dir nur, und die drunta erstma, seit da die Satanis-
tenclique ausjezogen is, ick meine, die hatten ooch den Kopp offen, aba die warn mir allemal lieba, als wie die, die da jetze wohnen.

A: Azähl ma.

G: Ach, die sind imma so scheißfreundlich. „Guten Morgen" hier,
„Guten Morgen" da, „Soll ich Ihnen was vom Friseur mitbringen?", und ständich dieset Jegrinse, und denn sind se imma so
leise, voll die Schleicha.

A: Unheimlich.

G: Unheimlich, aba noch dazu ooch nervich. Ick hab dit Jefühl, dafür, dit die so ville nich machen, dafür atmen die ürgendwie
mehr, als Ausgleich villeicht. Ick krieg hier einfach seit jewisse
Zeit keene Luft mehr.

A: Könnte ooch die Schülddrüse sein.

G: Wie kommst'n jetz daruff?

A: Habick ma jehört.

G: Schülddrüse isset janz sicha nich, weilick nämich jakeene

Schülddrüse habe, nee, in echt, dit sind die komischen Leute da. Diese Kleinbürga.

A: Und du meinst, zwee Hausnumman weita isset bessa?

G: Absolut. Die Satanisten, zun Beispiel, die wohn' ooch da. Und die Frau, die imma den Müll vonne Straße sammelt, zu die die Kinda imma Hexe sagen. Und wenn mich nich allet täuscht, wohnt da soja Dr. Flasche.

A: Und dit, Gott, willste dir wirklich jeben.

G: Ick jeh dahin, woick jebraucht werde.

A: Respekt.

G: So binnick nun ma. Dit is meen Naturell. Willste 'n Bier?

A: Nee, aba falls de noch jemand brauchst, zwecks Umzuch ...

G: Ick nehm doch nüscht mit.

A: Echt nich?

G: Ick lass allet hinta mir. Den janzen Krempel. Villeicht höchstens dit Hafaflockenglas ...

A: Mit die Mottenkugeln, die roten?

G: Willste haben? Kannste. Man muss ooch ma loslassen können. Ick zieh um, wie ick bin.

A: Nackich?

G: Villeicht soja nackich, ja. Kannste ruhich lachen, is mir ejal. Da steh ick drüba.

A: Würdick nie bezweifeln, Gott. Wann isset denn soweit?

G: Morgen.

A: Ab morgen Chorina 61?

G: Haarjenau.

A: Na, is doch perfekt. Fast wie inne Schweiz. Sehn wa uns ab morgen inne Chorina 61. Tschüss Gott.

G: Tschüss du, wenn de zufällig Lust hast, bei denen unta mir durch'n Türschlitz zu pissen, nur zu, tu dir keenen Zwang an, meinen Segen haste.

A: Gott!!!

G: Musste ja nich.

A: Na Gott.

G: Na.

A: Wenn wat Kleenet untawegs is, dit is doch 'n Wunda, wa Gott?

G: Wat is untawegs?

A: Wat Kleenet, 'n Baby, 'n Kind inne Mutta.

G: Würste Vater?

A: Ick mein alljemein jetz, dit is doch ürgendwie, also erstma is da nüscht und plötzlich is da wat.

G: Rätsel üba Rätsel, ja.

A: Warum ham wir Männa einklich so'n anderet Teilchen, Gott?

G: 'n Pulla meinste?

A: Nee, ick mein hier dieset, wie heißt dit glei, diesa Buchstabe?

G: A?

A: Nee.

G: B?

A: Nee, die Frauen ham doch zwee Gleiche, ach jenau, X, die Frauen ham zweema 'n X und die Männa ham nur een X und denn noch dafür 'n Y, dazu. Chromosomen. Jetz weeßicks wieda. Dit sind die Chromosomen. Die sind dafür vaantwortlich, dit wir so sind wie wir sind, also, vom Jeschlecht her, jetze.

G: Gloobste?

A: Is so.

G: Chromosomen.

A: Chromosomen.

G: Und woher komm' die, deina Meinung nach, aus'n Mustopp villeicht?

A: Ick hab dit nich studiert, Gott. Die wärn wahscheinlich jebildet, schätze ma durch Stoffwechselprozesse, aba, keene Ahnung, also, da jibs sicha ne Aklärung für, da jibs bestümmt ooch ne eigene Forschungsrichtung, Chromosomenforschung wahscheinlich, die dit in' Labor denn aforschen.

G: Dit sind die mit die Clowns, wa?

A: Klone meinste bestümmt, Klone. Also, dit is nochma, dit is so eha Reproduktionsgenetik, mehr.

G: Die wolln Robotamenschen machen.

A: Schwierige Materje, Gott, also zun Beispiel, dit jibt ja ooch Behindate, oda welche mit ne schwere Krankheit.

G: Die wolln Robotamenschen machen!

A: Die wolln keene Robotamenschen machen, Gott, dit jeht einfach darum, dit so genetischet Materjal jewonnen würd, Stammzellen, die denn ...

G: Und ick sage dir, die wolln Robotamenschen machen!!

A: Och Mann ej, Gott, dit is echt schwierich mit dir. Wie 'n kleenet Kind biste manchma. Robota, Robota, Robota, wat haste eigentlich jegen Robota?

G: Siehste, jetz jibstit selba zu.

A: Janüscht jebick zu, ick wollt nur wissen, wat du jegen Robota hast. Du saugst doch ooch, zun Beispiel, Staub.

G: Klah saugick Staub, aba jefällichst mit 'n Staubsauga, nich mit 'n Robota.

A: Ein Staubsauga is aba in' Prinzip ooch schon ein kleina Robota.

G: Dissick nich lache, 'n Staubsauga soll 'n Robota sein, denn war wohl der Faustkeil ooch schon 'n Robota, wa, der erste Robota übahaupt.

A: Konnte der denn wat alleene tun, der Faustkeil?

G: Na, immahin, wenn man den jeworfen hat, denn issa jeflogen, alleene, und wenna runtajefallen is, uff de Erde, denn konnta da denn immahin noch liegen.

A: Ja, schon. Aba nüscht Sinnvollet.

G: Wat is'n an Staubsaugen sinnvoll, bitteschön? Da vateilste den ooch nur um, den Staub. Erst saugst'n in so'n Beutel, denn bringste den Beutel inne Mülltonne, von dort fährt den denn dit Müllauto zu de Müllkippe hin, da würda denn vabrannt, der Staub, zu, Simsalabim, ooch wieda Staub. Und wat meinste, wat diesa Staub denn machen tut?

A: Naja, der ...

G: Untabrich ma jefällichst nich!

A: Du hast ma jefragt, Gott, entschuldije ma!

G: Brauchst da nich zu entschuldijen, achte nächstet Ma lieba druff! War nur ne rhetorische Frage, der Staub jeht selbstvaständlich wieda dahin, woa herjekommen is, oda woandas hin, aba dafür kommt denn ebend andara Staub, für den, der vorher da war, gloobste denn, Achtung: rhetorische Frage, dit der Staub nutzlos is, natürlich nich, nüscht is nutzlos, wat meinste wat passieren würde, wenn plötzlich keen Staub mehr da wär?

A: ...

G: Na?!

A: Ach so, ick dachte is wieda ne rhetorische Frage.

G: Diesma nich.

A: Tja, wat würd denn wohl sein. Sauba wärt, sichalich.

G: Sauba, richtich, keimfrei. Ihr würdet alle jämmalich krepieren, so siehts aus!

A: Weilet keenen Staub jibt?

G: Afasst, mein Lieba.

A: Bestümmt kann man diese Theorie nürgendwo nachlesen, wa, weil se ja von dir is, oda?

G: Dit is keene Theorie, dit is die Praxis.

A: Wat hältst'n von Jesus, Gott?

G: Ach, der war eigentlich janz ... wat solln dit, willste ma beleidijen?

A: Ick meine als Vornamen.

G: Würste doch Vata, wa?

A: Ick meine alljemein.

G: Naja, hat wat, Jesus. Aba ick würd denn lieba noch 'n andan Namen dazu ...

A: Dachtick ooch. Jesus-Maria-Judas-Luzifa, zun Beispiel.

G: Kaspakopp.

A: Tschüss Gott.

G: Tschüss du.

Zwiegespräche mit Gott | *heute: Allgemeinwissen*

A: Na Gott.

G: Na.

A: Na, wie jehts? Jestan habick ne Wolke jesehn, die sah aus wie 'n Pilz.

G: In der Koreanischen Demokratischen Volksrepublik?

A: In ... wo?

G: Du würst es als Nordkorea kennen.

A: Ick hab ooch schonma ne Wolke jesehn, Gott, die wie 'n Pferd ausjesehn hat.

G: Ein Pferd, kiek an.

A: Und eenma, dit is allahdings schon ne Weile her, zwee Jahre schätzick, da habick draußen an'n Himmel ne Wolke jesehn ...

G: Die wie ne Bockwurst aussah.

A: Janich wie ne Bockwurst!

G: Wie denn?

A: Die sah aus, wie ein Herz. Wie ein orijinal Herz.

G: 'n uffmerksama Beobachta biste ja, dit muss man dir lassen. Hast wat übrich für die Natur, oda?

A: Naja, in'n Moment habick nich so ville übrich, in'n Moment wartick noch uff Hartz IV.

G: Hartz IV, jibs doch schon ne Weile?

A: Witzich Gott, kannst ja ma ooch ma Hartz IV beantragen, ma sehn, ob de denn immanoch lachst.

G: Ick schuld dir doch noch wat, wart nich so?

A: Den Zwanni meinste?

G: Den Zwanni, jenau.

A: Lass stecken, Gott, dit nützt ma jetz ooch ..., oda wartte ma, na jut, jib her.

G: Schlümm, dit sich allet nur noch ums Jeld dreht.

A: Dein Werk, Gott.

G: MEIN Werk?!!

A: Sachste dit nich imma, dit du dit allet jemacht hast?

G: Die Grundlagen, Sportsfreund, die Grundlagen habick jemacht.

A: Ja, aba uff die beruht dit ja.

G: Du willst bloß die Vaantwortung delegieren, dit willste.

A: Ick delegier janüscht, ick will mein Jeld.

G: Hab jetz hier aba nur 'n Fuffi.

A: Ick mein nich von dir, ick meine von'n Staat.

G: Villeicht hat der dit grade ooch nich passend.

A: Denn mussat passend machen. Mussa ebend zun Kiosk jehn und sich dit wechseln lassen.

G: Ick war ma an'n Kiosk, an'n Rosa-Luxemburg-Platz, wo, da konnten die ooch nich wechseln.

A: Die an'n Reichstach, die könn' aba wechseln.

G: So? Biste da öftas?

A: Übahaupt niemals binnick da!

G: Und woher willste dit denn wissen?

A: Alljemeinwissen.

G: Alljemeinwissen, interessant. Denn nenn mir doch ma die Hauptstadt von Burkina Faso.

A: Dit war und is Ouagadougou.

G: Die Autofirma NSU war berühmt wegen ihrer ...

A: Wankelmotoren.

G: Den köstlichen Speisepilz Krause Glucke nennt man regjonal ooch ...

A: Fette Henne.

G: Hmm. Jut. Wie schümpft sich die geschichtliche Perijode vor den Urknall?

A: Wie schümpft?!

G: Wie heißt die, wie nennt man die, wat hat die für'n Namen?

A: Die Perijode vor den Urknall?!

G: Ja. Also die Perijode, die direkt vor'n Urknall war, die uff die der Urknall jefolgt is, denn.

A: Hast du den Urknall nich imma bestritten, Gott?

G: Darum jehts hier nich, hier jehts um Alljemeinwissen. Ob dit

richtich oda falsch is, dit willick jetz ma nich in alla Ausführlich-
keit zur Dispositjon stellen, ick will bloß sehn, watte so druff hast,
und da mussick sagen, dit man da sieht, dis de doch ziemlich
einseitich jebildet bist, ürgendwie. Keen Wunda, dis dich keen
Betrieb einstellt.

A: Ick will ooch janich in'n Betrieb.

G: Dit kommt als Problem natürlich noch hinzu, obendrein.

A: Ick will frei sein, Gott.

G: Jaha, dit is jut. Frei, mitt'n Scheck von'n Sozialamt.

A: Dit steht ma zu, Gott!

G: Ebend. Dit meinick. Dit steht ma zu. Dit is Freiheit. Jawollo!

A: Wat grinst'n da so höhnisch?!

G: Ick hab ma grade ne Wolke vorjestellt, die aussieht wie 'n
Scheck von'n Sozialamt.

A: Jibs garantiert.

G: Sicha, selten wahscheinlich, aba jibs bestümmt.

A: Präurknallperijode würdickse übrigens nennen, die Perijode
vor'n Urknall.

G: Biste noch bein Alljemeinwissen?

A: Sag ma Gott, würdeste eigentlich unta Umständen mein Tele-
fonjoka sein, wennick bei „Wer würd Milljonär" mitmache?

G: Nee. Definitiv nich!

A: Warum'n nich?

G: Weil dit unfähr is.

A: Ej, Gott, dit janze System is unfähr!

G: Villeicht. Aba deswejen mussick noch lange nich ooch unfähr
sein. Dit is nämich in Würklichkeit Freiheit, kapiert!?

A: Zuerst kommt dit Essen.

G: Echt? Wo denn?

A: Tschüss Gott.

G: Tschüss. Meinste jetz mit Essen aba nich etwa die beleidichte
Lebawurscht, wa? Ach, die kommt ja ooch janich, die jeht ja grade,
apropo jeht, um uff deine Frage von'n Anfang zurückzukommen,
mir jehts jut.

A: Na Gott.

G: Na.

A: Na. Is ja so dunkel hier.

G: Findste?

A: Ick seh dir ja kaum.

G: Schon ma wat von jehört, dit die natürlichen Ressorzen nich unbegrenzt vorhanden sind?

A: Oh, Ressorzen, biste jetz 'n Öko, ja?

G: Gott, imma noch Gott.

A: Ökogott!

G: Du kannst ma nich beleidijen, du nich!

A: Is ooch nich als Beleidijung jemeint jewesen. Is doch jut, ick meine, is doch schön, ick meine, mussit doch ooch jeben, sone Leute.

G: Mussit ooch jeben, ja? Damit du dich drüba lustich machen kannst, oda wie?

A: Ick hab selba keen Auto, Gott.

G: Dafür lässte imma Licht an.

A: Icke?

G: Na, und ob.

A: Ick lass übahaupt nich imma dit Licht an, jedenfalls nich übaall. Nur, wo ick öftas ma hinmuss, noch, damit ick dit nich imma ausmachen muss, imma an und imma aus, da vabrauchste ville mehr Strom, Gott, dit is wissentschaftlich awiesen, soja.

G: Pappalapapp!

A: Janich pappalapapp.

G: Wer solln dit rausjefunden ham, Kolumbus etwa? Einstein? Schwarzenegga?

A: Bei Kolumbus jabs noch jakeen Strom, Gott.

G: Mmh, da sind die Blitze noch mit Dampf anjetrieben worden, wa?

A: Haha. Weeßt janz jenau, wat ick meine. Dit jibt Widastände bei den Schalta, wenn man den anmacht, bein Licht anmachen und die Widastände, da, dadurch, durch die, da vabrauchste eben mehr Strom.

G: $a^2 + b^2 = c^2$ wahrscheinlich.

A: Keene Ahnung wie da die Gleichung von is. Ick vatrau da der Wissentschaft, die ham dit schließlich nich umsonst studiert. Du brauchst dir natürlich nich mit sowat zu beschäftigen, dit is mir schon klar, du, als Religjösa.

G: Woher weeßt'n dittick religjös bin?

A: Biste nich?

G: Ick bin Gott.

A: Na, is dit nich ditselbe?

G: Isset nich.

A: Isset nich?

G: Gloobst du denn an dich selba?

A: Icke, an mich?

G: Meinste disset dich jibt, dis de da bist?

A: Nee, ick bin nich da.

G: Vaarsch ma nich!

A: Nee, Gott. Ick bin würklich nich da. Ick kann janich da sein, weilick nämich hier bin.

G: Ach du Scheiße, haste wieda Licht anjemacht, ja, dein kleinet Licht.

A: Fällt ma ein, Gott, Glühbürnen jehn schnella kaputt, wenn de se ständich an und ausschaltest.

G: Wenn de Kerzen anzündest, jehn se nie kaputt.

A: Dafür brennt dir aba eines schönen Tages die Bude übam Kopp ab, und außadem kricht man von brennende Kerzen Krebs.

G: Man kricht lediglich Krebs, wenn man Bier aus grüne Flaschen trinkt und vom Wichsen!

A: Ick dachte imma, da würd man blind von.

G: Blind würd man nur, wenn man direkt inne Sonne kiekt.

A: Aba ooch, wenn man mit Absicht vasucht zu schielen. Oda, nee, wartte ma, denn bleibt dit so, denn schielt man ürgendwann für imma, oda Gott?

G: Jenau. Wolln wa uns wieda vatragen?

A: Wir ham uns doch janich jestritten. Dit war lediglich doch bloß ein Austausch von Positionen, Gott, eine friedliche Diskussion, wie sie nur in eina Demokratie möglich is und zwar zweifelsfrei nur in einer säkularen Demokratie.

G: Willste ne Oblate?

A: Danke, aba ick hab noch so'n uffblasbaret Essen zuhause inne Mikrowelle stehn, aus Amerika, da reicht eene Portjon unjelogen für drei Tage, da würd man weda dick von, noch doof, kricht aba trotzdem Muskeln und schmecken sollit außadem, is soja aus Ressorzen, allahdings aus vaändaten.

G: Na, denn wünschick guten Appetit.

A: Tschüss Gott.

G: Tschüss du. Und du?

A: Ja?

G: Statt zu klingeln kannste ooch nächstet Ma 'n Kiesel ans Fensta werfen, ja? Dafür sind se schließlich da, dafür habick se jemacht.

Zwiegespräche mit Gott | *heute: Das wirkliche Leben*

A: Na Gott.

G: Na.

A: Na, dit Leben is doch schön, oda?

G: Hmm.

A: Haste dit mit den Terror jehört?

G: Hmm.

A: Und? Wat meinste, wer wart?

G: Weeß nich.

A: Weeßte nich? Ick dachte, du hättest wenigstens ne Ahnung.

G: Falsch jedacht.

A: Intressiert dich wohl janich?

G: Im Prinzip schon, hab bloß momentan andre Sorgen.

A: Ick höre.

G: Wat hörste denn?

A: Ick höre mir gerne deine anderen Sorgen an.

G: Gerne?

A: Oh Mann, wat biste'n heute für'n Krümelkacker. Azähl doch ma, wat jibts, wat is dit Problem! Villeicht kannick dir ja soja helfen.

G: Du, oda wat?!

A: Ja, icke.

G: Gloobick nich.

A: Sach schon. Jib deinen Herzen einen Ruck. Leg los. Mach dir Luft. Rede!

G: Schon ma wat von Migratjon jehört?

A: Nu, Migratjon – Flucht. Flüchtlinge, machste dir 'n Kopp wegen die Flüchtlinge?

G: Schon ma wat von Realität jehört?

A: Nu, Realität – Würklichkeit. Dis was so da is, ohne Spinne. Und?

G: Kannste Eins und Eins zusammenzähln?

A: Nu, Eins und Eins zusammen, macht Zwei.

G: Kannste also nich.

A: Türlich! Is doch zwei ..., oda? Nee, janz sicha soja, is zwei.

G: Ick meine Migratjon und Realität, du Trottel!

A: Ach so. Dit meinste. Häh?! Vasteh ick nich.

G: Flucht aus der Würklichkeit, Mann. Dit jibt einfach imma mehr Flucht aus der Würklichkeit. Kiek dir nur ma dit Fernseh-programm an.

A: Habick. Jestan erst. Haste ooch jesehn, Werda jegen Lübeck, geilet Spiel. Ick war ja für Lübeck, dit war vawirrend, die ham ja beede grün-weiße Vaeinsfarben. Die Fans, man konnte die Fans janich voneinander untascheiden. Heute spielt ja Aachen je-gen Gladbach und der BFC is neua Tabellenführa, übrigens.

G: Jenau dit meinick.

A: Echt. Biste jetz ooch für BFC? Willste ma mitkomm' nächstet Wochenende?

G: Nee. Jenau dit meinick nich. Ick meine man flieht aus der Realität. Wat is denn Fußball anderet? Man flüchtet sich in Kämpfe, die in Würklichkeit janich sein müssten.

A: Nanana!

G: Wat, nanana?

A: Na, Fußball muss schon sein. Fußball jabs schon imma.

G: Pah, imma.

A: Davor jabs villeicht Stöckchenwerfen oda Steinerollen, aba Fuß-ball is Realität, heutzutage zumindest, und letzten Endes, wenn de nich zun Fußball jehst, heutzutage, denn fliehste jenauso vor de Realität. Is so!

G: Wat meinst du denn, wer dit war, mit dem Terror?

A: Terroristen? Nee. Spaß.

G: Siehste, ooch ne Flucht. Sich üba allet lustich machen.

A: Ach, Gottchen.

G: Nenn mich nich Gottchen!

A: Los komm. Ick mach dir 'n Vorschlag. Wir jehn jetz schön Eise essen, in der neuen Eisdiele an'n Teutoburger, da jibs ooch

so'n Ökoeis, faire Produktion wahrscheinlich, ohne Tiere drin, vamutlich herjestellt mit Strom aus Sonne, Luft und Liebe. Wenn
de da 'n Eis isst, denn tuste soja noch wat für die Würklichkeit, für
die bessere Würklichkeit von morgen, wenigstens falls de gloobst,
wat hinten uff de Vapackung druffsteht. Also, wat is?!
G: Ach.
A: Ick lad da ooch ein.
G: Na jut.

A: Na Gott.

G: Na.

A: Na, wat hast du einklich jemacht, an'n 9. Novemba 1989?

G: Icke?

A: Du.

G: An'n 9. Novemba '89 sachste?

A: Neunzenhundert, ja. Am Tag, als die Mauer fiel. Warste ooch im Westen?

G: Nee, da warick gloobick den janzen Tach zuhause, bei mir. Da habick ja noch inne Chorina 63 jewohnt. Da habick ja noch nich inne Chorina 61 jewohnt. Ick bin ja erst in' Frühjahr umjezogen, inne Chorina 61.

A: Kann mich dunkel ainnan.

G: '89, war dit nich dit Jahr, wo Berlin 500 Jahre alt jeworden is?

A: Wenn schon, 750.

G: 750, sieh an. Dit war uff jeden Fall ne Schau. Da ham sich doch ooch welche ausjezogen, und sind mit so'n Wagen durch de Stadt kutschiert.

A: Kann sein.

G: War dit nich der Beginn vonne Love Parade?

A: Ick gloob da vawechselste wat, Gott. Die Love Parade war in'n Westen. Dit war dit mit den Techno.

G: Techno, wa?

A: Ja.

G: Musik, oda?

A: Richtich. Aba am 9. Novemba is die Maua jefallen, Gott!

G: Ja, dit war ooch ne Schau. Eine interessante Zeit damals. Habick in'n Fernsehn jesehn. Waren scheinbar sehr glücklich, die Menschen, damals.

A: Und du?

G: Ach, mir jings ja janz jut, eigentlich. Ick hatte bloß mit denen unta mir paar Probleme. Damals ham ja noch nich die Satanisten unta mir jewohnt. Da hat ja noch, damals, der eene Alki, der war ja noch in seine Wohnung drin, damals. Und der wollte sich natürlich imma wat kochen abends. Und denn issa denn meistens einjeschlafen vorn Fernseha. Und denn hat dit ja imma jestunken, dermaßen, dit is ja denn allet anjebrannt, vastehste, und denn musstick mit die von schräg obendrüba zusammen imma den seine Tür uffbrechen, der hat ja nich ma dit Klingeln jehört.

A: An'n 9. Novemba 1989?

G: Wennick mich richtich ainner, ja. Villeicht wart aba ooch der 10. oda der 8., dit weeßck nich mehr so jenau. Moment, am 11. is doch Faschingsanfang?

A: Kann sein.

G: Denn wart an'n 9., dit war zwee Tage vorher, dit weeßick jenau, hundatprozentich.

A: An'n Faschingsanfang kannste dich ainnan, aba nich an'n Mauafall?!

G: Ja, und zwar war ja zun Faschingsanfang, da war ja imma in'n Chorina Eck, dit is die Kneipe hier, anne Ecke ...

A: Jewesen.

G: Wat?

A: Jewesen, gibs nich mehr.

G: Ach, na jedenfalls war da imma Faschingsfeia, mit so Tanz und pipapo und alle in so lustigen Kostümen.

A: Du natürlich mittenmang.

G: Und ob. Ick hab soja jetanzt, mit die Eene, von'n Neuen Forum.

A: Bärbel Bohley?

G: Weeßick jetz nich mehr, wie die hieß, die hat imma Eialikör jetrunken und bei de Stuhlpolonaise hatse jewonn, ürgendwann hatse mir soja die Augenbinde vonne Oogen jerissen. Frech, aba ooch süß.

A: Die Augenbinde?

G: Ick bin als Zorro jegangen. Dit war ne Zeit, dit kannick dir sagen. Eine interessante Zeit.

A: Und wann biste dit erste Ma in'n Westen jewesen, Gott?

G: Vasteh ma nich falsch, aba ick war schon in Westen jewesen, da jabit noch jakeene Menschen in'n Westen. Süden, Norden, Osten, Westen, Mann, wat meinste, wer dit jemacht hat? Dit is für mich nüscht Neuet. Dit ihr euch da jefreut habt, meine Güte, dit kannick vastehn, aba icke?!

A: Du hast lieba Stuhlpolonaise jemacht, im Chorina Eck.

G: Nich nur, aba ooch.

A: Und rückblickend, meinste man hätte wat andas machen sollen, damals?

G: Ick hätte den Laden villeicht nich janz so schnell dicht jemacht.

A: Die DDR meinste.

G: Quatsch DDR, dit Chorina Eck natürlich.

A: Natürlich. Tschüss Gott, ick muss los.

G: Ja. Tschüss du, und bein nächsten Ma erzählick dir von'n Hühna-Gustl inne Grünberga, ja? Da jabs imma lecka Erbspüree, „Was die Sacha-Torte in Wien is Hühna-Gust'l in Berlin", dit hing da üba de Theke, als Spruch und dit in'n Osten, kannste dir dit vorstelln und bei Tante Olga, hier, inne Mulack, da jabs nur eenen runden Tüsch, daher ham die dit wahrscheinlich ooch mit den „Runden Tüsch", jut, azählick dir, bein nächsten Ma, bis denne.

Zwiegespräche mit Gott | *heute: Das Wort*

A: Na Gott.

G: Na.

A: Na, bist ja janich draußen.

G: Wie de siehst.

A: Ick seh, ick seh. Magst wohl dit schöne Wetta nich.

G: Is schön, ja?

A: Ja, is schön.

G: Na, is doch prima.

A: Findick ooch, obwohl, für die, die abeiten müssen.

G: Müssen se ja nich.

A: Meinste jetz philosophisch, oda wat?

G: Dit meinick so, wie ick dit sage.

A: Und wer räumt bitteschön den Müll weg?

G: Dit lass ma ruhich ma meine Sorge sein. Dafür habick schließlich die Natur jeschaffen. Die macht dit schon. Dauat seine Zeit,
aba sollst ma sehn, in' paar Jahren is dit allet weg, als wär nie Müll
dajewesen.

A: Wenn keen neua dazukommt, Alta.

G: Wat'n nu, alta oda neua?

A: Haha.

G: Wenn neua dazukommt, denn dauats eben 'n bisschen länga.
Aba dit schafft die ooch, die Natur, die is nich so schlapp, wie de
imma denkst.

A: Und die Kranken?

G: Wat is mit die Kranken?

A: Na, die wolln ja schließlich ooch ma wieda jesund werden.

G: Könn' se doch.

A: Na, da brauchen se aba Medizin zu und 'n Arzt.

G: Brauchen se nich.

A: Brauchen se wohl.

G: Quatsch! Wat die brauchen is'n bisschen frische Luft, schön 'n paar Runden um'm See spaziert und Kräuta essen. Paar schöne Kräuta vonne Natur.

A: Und denn is der Krebs weg, oda wat?

G: Meinste der Krebs is weg, wenn da so'n Arzt dran rumpfuscht?

A: Na, weg villeicht nich grade, aba der kann machen, dissit nich janz so schlümm is, mehr.

G: Darfick ma lachen?

A: Darfste, is aba nich lustich.

G: Wat hier lustich is und wat nich, dit wisst ihr wieso nich. Dafür seid ihr viel zu doof. Keen Sinn für Humor habta, ihr Menschen.

A: Aba du, oda wat?

G: Sicha.

A: Denn azähl doch ma wat Lustijet.

G: Kommt 'n Mann zum Arzt ...

A: Oh nö, keen Arztwitz.

G: Siehste, sagick doch, dabei wär der total lustich jewesen.

A: Okee, denn azähl weita.

G: Keene Lust mehr. Würdest ja sowieso nich lachen, mit Absicht nämlich, nur weil de beweisen willst, dittick nich lustich bin.

A: Gott?

G: Ja.

A: Kommt lustich eigentlich von Lust?

G: Klar. Letzten Endes stammen wieso alle Wörta vonanda ab. Früa jabs ja bloß een Wort.

A: Echt?

G: Früa, ja. Zun Anfang. Da jabs nur ein einziget Wort.

A: Und wat war dit für'n Wort?

G: Dit war dit Wort: Hu.

A: Hu?

G: Hu.

A: Wat solln dit bedeutet haben, Hu?

G: Allet, dit hat allet bedeutet. Wenn se jemand Angst machen wollten, hamse Hu jesagt. Wenn ihnen kalt war, hamse Hu jesagt.

Beim Uffstehn Hu, beim ins Bette jehn Hu und wennse valiebt warn, hamse ooch Hu jesagt.

A: Imma andas ausjesprochen, oda wat?

G: Nee, eben nich. Zum Anfang nich. Da klang dit imma jenauso, Hu. Dit kam denn erst späta, mit dem andas aussprechen, späta kam dit.

A: Mit Jesus.

G: Quatsch Jesus. Da war an Jesus noch janich zu denken. Dit war noch lange vor Jesus. Zwischen Urknall und Jesus war dit, so unjefähr. Da hamse denn, weil dit ja ooch zu Vawechslungen kam. Dit wusste ja ürgendwann übahaupt jakeena mehr, wat jemeint war, übahaupt. Ob nun Hu heißen sollte, ick liebe dir, oda aba, kannste mir noch wat von die Bulletten übrich lassen. Und da hamse denn eben anjefangen, dit Hu imma andas auszusprechen.

A: Vastehe, die Jeburt der Sprache.

G: Na, zuerst noch nich, aba denn, späta.

A: Wahnsinn, wie sich allet entwickelt, wa?

G: Natur, mein Freund, Natur. Kräuta, und viel frische Luft.

A: Wenn dit sachst, denn willick ma ooch ma dadran, anne Natur, anne Luft. Obwohl da von frisch heute wirklich keene Rede sein kann.

G: Ihr mit eure Arbeit, mit eure Autos, mit eure Markenklamotten und mit euren Intanet, hätteta ma die Natur ...

A: Ja, hätten wa mal. Ham wa aba nich.

G: Siehste, weila nämich doof seid.

A: Hu!

G: Wat?

A: War nur 'n Vasuch. Tschüss Gott sollte dit heißen, uff Altmenschlich.

G: Vastehe. Na denn, dir ooch, Hu.

A: Na Gott.

G: Na.

A: Na. Is fast jakeena mehr da, hier.

G: Jeburtenknick, ick weeß, aba ick hab die Pille nich jemacht.

A: Ick mein nich den Jeburtenknick, Gott, ick mein den Somma.

G: So, der Somma.

A: Der Somma, ja.

G: Meckast du jetz ooch schon üba den Somma, in'n Winta woll- teta den noch alle haben, in'n Winta waret euch noch zu kalt, in'n Frühling isset euch zu früh, in'n Somma zu heiß, in'n Herbst zu bunt, wer weeß, watta in'n Winta wieda zu bemeckan habt?!

A: In'n Winta? Na, da isset zu kalt, logisch, aba ick mecka ja ooch janich, ick stellit ja nur fest, sachlich, dit fast jakeena mehr da is. Und zwar unabhängich von'n Wetta jetze. Kiek ma raus, denn siehstet ooch.

G: Ick muss nich rauskieken, um wat zu sehen.

A: Die sind alle in'n Urlaub, Gott.

G: Habick längst jesehn.

A: Ick find dit soja einklich, also einklich, einklich findick dit soja schön. Kannste schön so übaall hinjehn, keena steht dir in'n Weg rum, kannste schön ins Kino jehn, zun Beispiel, oda, wat jibs noch?

G: Freiluftkino.

A: Ja, oda schön ins Museum.

G: Theata.

A: Na, Theata, dit gloobick nu wiederum nich. Die ham gloobick Sommapause. Die machen Ferjen. Sommaferjen.

G: Jibt aba ooch Sommatheata.

A: Freilufttheata meinste?

G: Die jibs ooch, ja.

A: Ja! Da, kann man jedenfalls übaall hinjehn und keena, weeßte, keen Eenzija stört een. Inne Kaufhalle steht keena vor dir anne Kasse an. Wenn de dran bist, kannste einfach sagen: „Huch, ick hab noch wat vajessen", und denn holste dit, musst dir noch nich ma baeilen, weil steht ja keena hinta dir, vor dir und anne Seite ooch nich und denn kommste also so jemütlich anjeschlichen, in'n Krebsgang oda uff alle Viere, wie dit dir grade Spaß macht und wenn se dit denn einjetippt hat, die Olle anne Kasse, dit, watte schnell noch jeholt hast, denn fällt dir plötzlich ein, ach nee, dit wollteste eigentlich doch nich, weil, da haste ja noch Dreie von in'n Kühlschrank zu stehn ...

G: Meinste Tomaten?

A: Milch, Milch. Tomaten machick nie in'n Kühlschrank, höchstens wenn se anjeschnitten sind, wegen die Fruchtfliegen, Gott.

G: Sind aba nich giftich, Fruchtfliegen.

A: Aba eklich. Die legen ja denn meistens ooch ihre Eia denn dadrin ab, in die Tomaten rin.

G: Sind aba ooch nich giftich, die Eia von denen.

A: Na, jedenfalls is dit schön, in'n Somma. Also ick, für meinen Teil, ick könnte einklich, einklich müsstick janich unbedingt wegfahn, in'n Somma.

G: Musste ja nich.

A: Nö, haste recht, einklich. Mich kann ja keena zwingen, wa?

G: Bleibste einfach hier.

A: Wie du dit sachst, Gott. So ... einfach.

G: Warum sollick's kompliziert ausdrücken?

A: Ja. Warum, warum eigentlich?

G: Bleib einfach hier.

A: Jut. Denn bleibick eben einfach hier. Bleibick einfach hier.

G: Na siehste, war doch nich schwer.

A: Stümmt. Tschüss Gott.

G: Ick denk, du bleibst hier?

A: Hier?!

G: Nee, jeh ma. Tschüss, tschüss du.

A: Na Gott.

G: Na.

A: Na.

G: Is wat, du kuckst so komisch?

A: Ick kuck doch nich komisch.

G: Doch. Tuste.

A: Wie kuck ick denn sonst?

G: Anders, ürgendwie anders.

A: Und jetz kuckick also komisch.

G: Ja.

A: Und warum lachste denn nich?

G: Ick lach doch nich üba allet und jedet. Nur weil du ma komisch kuckst, lachick doch denn nich glei. Da musste schon andre Kaliba ufffahren, damit ick lache.

A: Sollick ma villeicht ne Torte ins Jesicht klatschen? Los, jib ma ne Torte her, ick mach dit, echt.

G: Ick hab keene Torte.

A: Haste 'n Ei? Ick kann mir ooch 'n Ei uff'n Kopp haun.

G: Ick hab ooch keen Ei.

A: Huhu, Gott hat keen Ei, Gott is keen Mann, huhu, voll der Weibagott, ej. Kriegick glei Latte Macchiato. Is dit geil.

G: Biste besoffen?

A: Hättste wohl jern, wa? Damitte ma richtich schön vanaschen könntest. Aba Fehlanzeige, Fräulein, ick bin nüchtan. Nüchtan wie ne Bowlingkugel. Apropo Bowlingkugel, kannste einklich Auto fahrn?

G: Wieso?

A: Mein Bruda macht morgen Umzug. Nich weit weg, nur inne Schwedta, aba der hat so ville Zeug, besondas Schallplatten, dit wär einfach schön, wenn wa dit fahren könnten. Also, wat is? Fahrzeug hamma.

G: Wat denn für eens?

A: Wat denn für eens, wat denn für eens! Vier Räda sind dran, Dach is druff, Auspuff jibs, vorne zwee Lichta, hinten zwee Lichta und innendrinne issen Rad zum Lenken.

G: Hört sich vadammt nach'n Wartburg an.

A: Möglich. Und?

G: Tut ma leid, aba Ost-Autos fahrick nich.

A: Warum denn nich?

G: Weil, aus Prinzip ebend. Kannste dir ja villeicht denken warum.

A: Keenen Blassen, Gott. Isset wegen die Technik?

G: Quatsch, Technik. Dit wär mir doch egal, ob da 'n Vier-Zylinda-Hubraum oda ne Einspritzdüse mit vollen Wertausgleich is, so-wat intressiert ma nich, als Gott. Is mehr so ne Sache von'n Kopf her ...

A: Weilt so huckelt bein Fahren?

G: Jenau, weilt so huckelt bein Fahren, vor allen aba ...

A: Weil man die Türen imma so feste zuschlagen muss?

G: Und?

A: Und?!

G: Na, wat war damals, als die Autos jebaut wurden?

A: Frieden?

G: Und?

A: Winta?

G: Sozjalismus meinick. Und an wat hat man in'n Sozjalismus nich jeglaubt?

A: An dit, wat ei'm imma so azählt wurde?

G: Und?

A: An die Ernteergebnisse?

G: Mehr so spirituella, meinick.

A: Hexen, Geista, mit Vastorbene reden? Ach wartte ma, jetz va-stehick woruff de hinaus willst. Daruff willste also hinaus. Du bist saua, weil ... und dit lässte jetz also an die Autos aus. Wat könn' die denn dafür, und vor allen, wat kann meen Bruda dafür, der hat damals soja ma ne fünf jekricht, weila jesagt hat, dis die vadreckten Flüsse ja wohl kaum von West nach Ost den Berg hoch fließen können.

G: Aba, an mich jeglaubt hatter ooch nich.

A: Weeßte, dit is mir ürgendwie zu blöd jetz, echt! Denn fragick eben jemand andas.

G: Bitte.

A: Den Teufel, oda Frau Dreckschlüppa von jegenüba oda Karl Marx.

G: Mach doch.

A: Machick ooch! Aba dit schwörick dir, da würste nochma dran denken! Dran denken würste dadran, hörste! Wennick ma wieda wat mitbringen soll, aus de Kaufhalle, für dir, oda sonstewat, dit kannste erstma vajessen! Voll vajessen kannste dit!

G: Schon vajessen.

A: Ja, jetz lachste noch!

G: Ick lach doch janich.

A: Klah lachste!

G: Jut. Wann morgen?

A: Fünfe rum, abends. Christinenstraße 11. Bei Steffen klingeln. Und zieh liebas Klamotten an, die dreckich werden können.

G: Na, supa. Dit kann ja heita werden. Hoffentlich zeigt mir noch schnell eena, wie man sowat fährt.

A: Wat sachste?

G: Ach, nüscht.

A: Na Gott.

G: Na.

A: Na, du sag ma Gott, wie sieht's 'n eigentlich aus, trennst du Müll?

G: Trennen?

A: Ja, also hast du so extra Eima für Papier, für Glas, Bio und so?

G: Ick hab nur eenen Eima.

A: Aba dit is doch scheiße für die Umwelt.

G: Wieso?

A: Na, weil dit doch jetrennt entsorgt werden muss.

G: Mussit nich.

A: Mussit doch.

G: Mussit janich. Dit kommt wieso allet wieda zusammen.

A: Sowieso. Dit heißt sowieso.

G: Sagick doch.

A: Du hast wieso jesagt.

G: Ick hab jesagt, dit allet wieda zusammen kommt. Allet kommt letzten Endes wieda zusammen. Allet! Es geht keinerlei Energie verloren, hörste, nich ein Müh!

A: Dit klingt ja richtich wissentschaftlich, Gott.

G: Dit is nich wissenschaftlich, dit war schon imma so.

A: Ooch bei die Dinosaurier?

G: Ooch bei die Einzella. Und ooch schon davor soja, alset noch jakeene Einzella jab.

A: Jab's denn da schon Müll?

G: Dit jab schon imma jenausoville Müll wie heute, dit kommt einfach nur druff an, wat man Müll nennt. Letzten Endes seit ihr übrigens ooch nur Müll.

A: Wat, wir?

G: Na klar. Ihr seit ooch nur Abfall von die Prozesse, die vor euch abjeloofen sind.

41

A: Ick denke, du hast uns jeschöpft?

G: So kann man ooch dazu sagen.

A: Haste also mit andan Worten Müll jemacht, Gott.

G: Wenn de ma beleidigen willst, musste erst ma uff meine Bewusstseinsstufe kommen, Alta.

A: Oho, Bewusstseinsstufe, der Herr Gott hat wohl schlecht jeschlafen?

G: Ick hab prima jeschlafen, davon kannste ausjehn.

A: Meine Freundin will aba, dittick jetz den Müll trenne.

G: Na, villeicht willse bloß, ditte dich 'n bisschen mehr um sie kümmast.

A: Meine Freundin will, dittick den Müll trenne!

G: Sagt se.

A: Ja, dit hat se jesagt.

G: Denn willse, ditte dich 'n bisschen mehr um sie kümmast.

A: Ach Gottchen, du willst mir ja bloß 'n schlechtet Jewissen einreden.

G: Mann, wenn Frauen wat sagen, denn muss dit nich unbedingt imma 1:1 jenau dit ooch heißen.

A: Biste 'n Frauenvasteha oda wat?!

G: Unta anderem mein Lieba, unta anderem.

A: Meinste also, wennick se paar ma zum Kino einlade oda mit ihr zum Beispiel zum Essen, zum Beispiel zum Griechen, zum Beispiel zu dem anne Ecke, jehe, denn kannick meinen Müll problemlos weita in een Eima kippen? Isset dit watte meinst?

G: Also, ick will ma jetz nich allzu sehr in eure Beziehung einmüschen.

A: Mach ma ruhich, Gott.

G: Haste se denn schon ma ... jeküsst?

A: Jeküsst, klar, jestan erst.

G: Ick meine, so richtich jeküsst.

A: Du meinst, mit 'n Mund

G: Ick meine, mit Zunge.

A: Ah, mit Zunge, oh lala, ick seh schon Gott, dit is wohl voll dein Metjee, wa?!

G: Allet is mein Metjee.

A: Sicha, allet, aba besondas wohl, wie man mit Frauen umjeht, wa?

G: Übahaupt janich besondas, aba ick merk schon, wenn de denkst, du machst allet richtich in deine Beziehung, denn mach nur, kipp deinen Müll in zwanzich vaschiedene Eima, in eenen die schimmlich jewordenen Spaghettis und innen andan die alten Haare, in eenen die Bretter und innen andan dit wat untam Finganagel wohnt, in eenen die schlechten Jedanken und innen andan Musikinstrumente aus Tierhäuten, nich zu vajessen den Staubeima. Mach nur, mach, ma sehn, wat deine Freundin als nächstet so für Wünsche uff'm Herzen hat.

A: Ja, da binnick ooch schon jespannt druff, aba prima Idee von dir Gott, mach ick, die Umwelt würd's dir danken.

G: Lass die Umwelt aus'm Spiel, die kann nüscht dafür.

A: Tschüss Gott.

G: Tschüss. Bei Komma 10 jibs übrigens grade den Zehnapack Eima für fast jakeen Geld, Trottel!

A: Habick nich je-hö-hört.

A: Na Gott.

G: Na.

A: Na, scheiß Wetta, oda?

G: Wie man's nimmt, die Bauan freun sich.

A: Ja, die Bauan, aba die Kinda?

G: Ach die. Die solln sich ma nich so haben. Die ham doch noch ihr janzet Leben vor sich. Könn se ebend ma wat lesen, oda hier, für de Schule ...

A: Lernen, meinste.

G: Lernen, jenau, damit se ma schlaua wern, als wie ihre Eltan. Damit se ma späta ma eine gerechte Jesellschaftsordnung zum Beispiel, oda zu den Sternen, damit se ma zu den Sternen fliegen können, hoch, und die denn besiedeln. Mars, oda jibt ja noch Sterne, die noch bessa zun Besiedeln jeeignet sind als wie der Mars.

A: Welche denn?

G: Sagick nich. Müssta schon selbst druff kommen. Binnick Gott oda wie?

A: Tja, ürgendwie schon, wa?

G: Ürgendwie schon, ürgendwie schon! Mann, weeßt doch, wieick dit meine, dit weeßte doch!

A: Nee, sach ma.

G: Redensart, ick mein dit als Redensart. Ick meine dit so, dit ick zwar Gott bin, also is nu mal so, aba ick meine, ihr könntet ruhich ma so tun, als würdick keen Gott sein, ihr könntet ruhich ma euch dit so ma selba erarbeiten, als Erziehung meinick dit. Wenn man nämich imma allet ins jemachte Nest jelegt bekommt, denn entwickelt man sich schließlich janich mehr weita. Prinzipiell jesehn. Keen Stück. Denn bleibste stehn. Meinste mir hat damals jemand jesagt, wie ick dit hier allet machen soll? Weltall, Evolution, der janze Schnickschnack?

A: Hat dir denn keena jeholfen? Wie war dit einklich, als du jung warst? Kannste dich daran noch ainnan?

G: Dunkel.

A: Und?

G: Na, war eben dunkel und ick war eben jung.

A: Eltern? Haste jakeene Eltan?

G: Nö.

A: Weeßte dit jenau?

G: Du stellst Fragen. Klah weeßick dit. Wat gloobste wer ick bin?! Mann, ick bin Gott, der einzije Gott!

A: Is ja jut. Reg da nich glei so uff.

G: Ick reg ma übahaupt nich uff. Ick stell bloß wat klar. Janz nüchtan stellick hier wat klar. Damit keena uff falsche Jedanken kommt, also, ick hab weda Eltan noch Großeltan, jeschweige denn Jeschwista, Cousins, Basen oda Schwäga. Ick bin alleene als Gott. Vadammt alleene, soja. Dit kann sich jakeena von euch vorstellen, wie alleene ick mir manchma fühle. Die janze Vaantwortung, nur ma als Beispiel. Da is ja keena, der dir ma sagt: „Komm, leg da erstma hin, ick mach dit schon." Nee, allet musste alleene tun. Darum sagick ja ooch imma, dis dit wichtich is, mit die Erziehung. Dis die Kinda einfach wat lernen müssen, meine Meinung, dafür machick eben öftas ma Regen, weilick nämich die Hoffnung noch nich uffjejeben habe, völlich.

A: Ja, die Hoffnung, die stürbt zuletzt, wa?

G: Mach du dich ruhich lustich. Ick werd da nich dran hindan, aba villeicht rappelts ja doch ma im Karton. Villeicht jeht euch ja doch noch ma ein Licht auf, und denn, denn kannick ma eventuell soja ma zurückziehen aus'n Vakehr, so pö a pö, und ooch ma wat machen, wat mir Spaß macht nämich.

A: Wat macht dir denn Spaß?

G: Dit is ja dit Ding. Dit weeßick ja nichmas. Ick hab ja noch nich ma die Zeit, mir dadrüba Jedanken zu machen, wat mir übahaupt Spaß machen könnte. Könnte sein, ick fahr jerne Rollschuh oda ick bastel am liebsten Adventskränze, dit is zun Mäusemelken, ick weeßet einfach nich. Morgen übrigens müssteste nochma bei mir die Blumen gießen. Ick muss nach Thailand. Dringend. Ürgendwat is da schon wieda, ürgendwat, habick direkt vajessen wat. Schlümm. Uff jeden Fall, die Primeln nich zu doll gießen, hörste, und der Bambus, der kann ruhich, also, da kipp ruhich ruff, imma feste, der verträgt dit. Schlüssel liegen untan Fußabtreta. Briefkastenschlüssel is mit dran. Könnteste ooch ma leern. Siehste, ick Dussel, „Berliner Zeitung" wolltick doch abbestelln, Mann, Kopp wie 'n Sieb, würd Zeit, dittick, ach, fallste zufällich inne Kaufhalle vorbeikommst, kannste mir villeicht Essich mitbringen, ja? Aba nich den teuren. Der billige reicht. Also ..., ürgentwat wolltick noch sagen.

A: Tschüss, vielleicht?

G: Nee. Hmm ..., na jut, Tschüss.

A: Ja, tschüss Gott, und viel Spaß in Thailand.

G: Spaß?! Scherzkeks.

Zwiegespräche mit Gott | *heute: Das Geständnis*

A: Na Gott.

G: Na.

A: Na, Reaktionszeit hat sich ja deutlich vabessat.

G: Findste?

A: Klar, hast ja praktisch schon vor meinen Klingeln uffjemacht.

G: Staunste, wa?

A: Kommt druff an.

G: Wie, kommt druff an?

A: Na, kann ja sein, ditte mich schon von Fensta aus jesehn, oda du hast die Schritte jehört, in'n Treppenhaus.

G: Oda?

A: Na, oda du wolltest sowieso grad rausjehn.

G: Schwupps, stehst du vor de Tür.

A: So unjefähr.

G: Zufall meinste?

A: Wär doch möglich.

G: Klar wär dit möglich. Allet is möglich. Wär ooch möglich, dit morgen alle arm sind oda reich, dis Komasaufen olympisch wird oda dir hier schon heute abend an meina Stelle der Teufel uffmacht.

A: Sehr witzich.

G: Wat heißt hier sehr witzich? Gloobste nich oda wat?

A: Ürgendwie nich, nee.

G: Und warum nich, meinste nur weil am Klingelschild Gott dransteht ...

A: Steht ja janich dran.

G: Steht nich dran, aba stünde eigentlich dran.

A: Eigentlich!

G: Krümelkackerei. Jut, sagen wat für den Herrn Besserwessi nochma neu. Meinste, nur weil an meinen Klingelschild EIGENT-LICH Gott dranstehen müsste, da müsste dir denn ooch imma ein Gott uffmachen?

A: EIN Gott?

G: Ein Gott, ja. Habick ma schon wieda missvaständlich ausjedrückt?

A: Du, Gott.

G: Ja?

A: Willste damit andeuten, dis dit noch mehr Götter jibt, ick
meine jetz außer dir?

G: Wie kommst'n daruff?

A: Na, weil de dit so jesagt hast. Ein Gott. Und wenn man normalerweise sagt: ein Gott, denn heißt dit ja im Prinzip, also man
deutet damit ja zumindestens wohl an, dis dis wenigstens die Möglichkeit geben könnte, dis dit noch mehrere jibt, von die Sorte,
normalerweise.

G: Normalerweise, sollick dir ma wat sagen?!

A: Sag wat.

G: Normalerweise, ja ...

A: Ja?

G: Normal, ja ...

A: Bis hierher kommick noch mit.

G: Also. Dit jibt einfach keen normal und damit ooch keen normalerweise.

A: Echt?

G: Mmh.

A: Gloobste?

G: Dit gloobick nich, dit is so.

A: Mit andan Worten, du bist doch der einzije Gott?

G: Mit noch anderen Worten, dit is einfach unta meina Würde,
daruff antwortick janich erst, ick bin Gott, dit muss jenügen. Ick
wollt dir ja bloß druff hinweisen, wat allet möglich is.

A: Zum Beispiel, dit mir an deine Stelle heute Abend der Jehörnte
uffmachen könnte.

G: Welcha Jehörnte?

A: Der Jehörnte eben, der Teufel, haste doch selba jesacht vorhin.

G: Und wieso bitteschön hat der Teufel Hörna?

A: Hatter nich?!

G: Hörna?! Nee, Hörna hatter janz bestümmt nich. Zun Fasching villeicht, aba sonst. Mann, du bist mir ne Marke, der Teufel und Hörna.

A: Weeß ick doch nich. Ick dachte, dit würde so inne Bibel drinstehn.

G: Mmh, und im Himmel is Jahrmarkt. Alle Wetter. Der Teufel, Mann, der ...

A: Steckt im Detail?

G: Häh?

A: 'n Scherz, mach weita.

G: Der Teufel ..., dit darfick dir eigentlich janich sagen.

A: Mach ma trotzdem!

G: Uff deine Vaantwortung, also, der Teufel, ja ...

A: Ja?

G: Der Teufel ..., kannste übahaupt schweigen?

A: Sollick ma vasuchen? Nee, klar kannick schweigen. Ick hab schon öftas ma jeschwiegen.

G: Ick meine, ob de dit, wat ick dir jetzt sage, ob de DARÜBA schweigen kannst?

A: Grübel, grübel und studier. Sicha.

G: Also, der Teufel, ja ...

A: Bin janz Ohr.

G: Der Teufel, also, dit bin ooch icke.

A: Nein!?

G: Doch.

A: Nein!?

G: Doch, aba wie jesagt, schweigen, dit war ausjemacht.

A: Nein, Hallelujah! Na, dit is ja ein Ding! Und zun Fasching setzte dir also manchmas Hörna uff, ja?

G: Du nimmst ma nich ernst.

A: Doch, doch.

G: Nich würklich.

A: Doch, würklich. Und ick werde ooch schweigen, schweigen werdick, wie ein Flaschenöffna, aba jetz mussick erstma los, tschüss Gott, oda sollick lieba tschüss Teufel sagen?

G: Ach, vapiss da einfach.

Zwiegespräche mit Gott | *heute: Global denken*

A: Na Gott.

G: Na.

A: Na. Jestan habick jetrunken.

G: Haste Jeburtstach jehabt?

A: Nee. Und bevor de weitafrachst, Jugendweihe ooch nich, ooch keen Poltaabend und dit jab ooch keen Lottojewinn zu feian.

G: Kumma?

A: Nee. Ick hab einfach so jetrunken. Ick war weg. Ick war bei ne Vaanstaltung.

G: Seita schön ausjegangen, wa?

A: Ick Gott. Ick bin ausjegangen. Ick alleene.

G: Habta euch vakracht?

A: Ja. Ick habse jeschlagen und dit fandse nich jut. Warse beleidicht jewesen, glei.

G: Du hast wat?!!

A: Ick habse jeschlagen. Sie hat nich jehorcht, da habickse jeschlagen. Wat solltick machen?

G: Du hast ... se nich jeschlagen.

A: Türlich nich! Mann, Gott, haste aba kurz jestutzt, oda? Mann, ick würd doch meene Olle nie haun!

G: Würdste nich, wa?

A: Wat meinste, wenn die wütend würd, denn aba, denn würd die unberechenbar. Die hat ma, schonma, eenma, mit Appelsinen beworfen, soja.

G: Ei.

A: Jenau, mit Eia ooch. Und Eia sind janz schön hart, Gott.

G: Harte Schale, weicha Kern.

A: In dem Falle nich. Die hatten wa, noch dazu ooch hartjekocht, weil wa rausfahn wollten, zun Picknick.

G: Und warum würd se wütend?

A: Aus ... Nichtichkeiten, Gott. Aus absoluten Nichtichkeiten. Dit reicht aus, dit man früh nich uffsteht und nüscht macht. Oda dit man vajisst, die Miete zu übaweisen, weil man dit Jeld vasoffen hat.

G: Na, dit sind aba nich grade Nichtichkeiten.

A: Ej, woandas, Gott, ja, woandas da sterben die Leute, ja, weil se nämich nüscht zu futtan haben, ja, oda wegen Krieg, ja, oda bein Vulkanausbruch, da vabrenn' die janzen Häusa, oda mit'n Ozonloch, dit is schon so groß wie Nordamerika.

G: Jut ...

A: Janich jut! Dit sind ja wohl, dit muss man sich ma durch'n Kopp jehn lassen, übahaupt. Dajegen sind hier unsre Zippalein, absolute Krümelkacke sind die!

G: Du denkst ... eha global?

A: Ick denke janich! Ick meine, ja, global, könnte man so zu sagen.

G: Weeßte, is ne Binsenweisheit, ooch wennde global denkst, musste lokal handeln, Kumpel.

A: Dit meinick eben ooch. Deswegen warick ja jestan bei die Va-anstaltung. „Saufen für Afrika" hieß die und ick dachte eben, jut, ick bin keen Albat Schweitza, ick kann nich als Onkel Doktor da runtarumpeln und Spritzen jegen AIDS vateilen, dazu habick nich jenuch studiert, aba ick kann uff meine Art und Weise hier durchaus ein kleinet Schärflein dazu beitragen, disset denen da bessa jehn tut.

G: Durch saufen.

A: Ick hab ma Mühe jegeben.

G: Wieville haste denn?

A: Nichts liegt mir ferna als prahlen, Gott.

G: Und wofür würd dit Jeld denn vawendet?

A: Welchet Jeld?

G: Na, dit watte für die Bierchen bezahlst.

A: Ick hab doch nich ..., dit is ne Kneipe, Gott, da kennick den hintan Tresen. Da mussick nüscht bezahln. Ick hab doch ma früa ma, ooch ma hintan Tresen, weeßte, und da, deswegen kenn

wa uns und du würdest doch jetze, sagen wa ma von Moses oda
so, da würdeste ja ...

G: Pass uff, watte sachst, Sportsfreund!

A: Ick mein ja nur.

G: Warste also als moralische Untastützung inne Kneipe, für Afrika.

A: Volla Einsatz, Gott.

G: Und heute früh biste nich aus'n Bett jekommen.

A: Richtich. Da hat die Völkafreundschaft ihr 'n Tribut jefordat, hör
mir uff. Aba, ick weeß schon, wat meene Olle vasöhnlich stümmt.

G: So? Wat denn?

A: Blum'.

G: Originell.

A: Willickse mit übaraschen, Gott. Nachher stehick vor de Tür,
und denn, voala!

G: Die hat schon echt den Hauptjewinn mit dir, deine Freundin.

A: Findste ooch, oda? Man darf nich nur im Privaten die Afüllung
suchen, man muss ooch ma üba den eigenen Tellarand drüba-
hinausblicken.

G: Solidarität, Zärtlichkeit der Völker.

A: Tschüss Gott.

G: Tschüss du Held. Alpenveilchen jibs übrigens grade günstich,
denn bleibt noch wat, für die Miete.

A: Keinen Pfennich den Spekulanten!

G: Cent, mein Lieba, Cent.

A: Na Gott.

G: Na.

A: Na, ick hab da erst janich jefunden in deine neuen Wohnung.

G: Wegen den Klingelschüld?

A: Is dit so schwer, da wat ranzuschreiben? Mann, vier Buchstaben, dit kann doch nich so schwer sein!

G: Schwer isset natürlich nich.

A: Aba?!

G: Villeicht machicks ja noch. Aba ürgendwie habick ma jedacht, 'n bisschen Anonymität, wenigstens zun Anfang, kann ooch nich schaden.

A: Willst wohl nich, dit die Menschen zu dir finden, oda wie?

G: Kennste einklich Ruhe?

A: Ruhe kennick, ja.

G: Und wie findste Ruhe?

A: Ruhe? Jut. Im Wald, oda so nach de Abeit, oda uff 'n Friedhof, aba so imma Ruhe, nee, dit wär nüscht für mich.

G: Wer redet denn von imma? Ick will einfach nur ma Pause. Kreativpause. Kennste Kreativpause?

A: Kreativpause kennick. Heißt mit Vornamen Harald Schmidt.

G: Harald wer?

A: Vajissit. is'n Fußballspiela, kennste sowieso nich.

G: BFC Dynamik?

A: Dynamo meinste, jenau, da spielt der. Beziehungsweise da hatter jespielt, Auswechselspieler warer jewesen, janz jut imma, im Training.

G: Und der heißt mit Nachnamen Kreativpause?

A: Jenau. Dem sein Opa hat die Kreativpause afunden. Quatsch Gott, der macht jetz eene!

G: Ne Kreativpause?

A: Richtich.

G: Intelligentes Kerlchen diesa Schmidt.

A: Weeß nich. Wat machst du denn, wenn de ne Kreativpause machst?

G: Na, nüscht. Höchstens ma mitte Beene baumeln und inne Luft starren. Ick denk ooch an nüscht. Ick mach ooch Jedankenpause. Is total supa. Da is man denn absolut frei, kann man sich so richtich schön fallen lassen, obwohl, manchmal is dit ooch eklich.

A: Eklich?

G: Manchmal, wenn man sich so richtich schön fallen jelassen hat, wenn man grade so richtich schön frei is, denn, vastehste, denn valiert man ja ooch so die Kontrolle üba den Körpa, naja, und dit is eben vor allen bein Schließmuskel, da is dit ein richtiget Problem.

A: Du hast 'n Schließmuskel, Gott?

G: Klar habick 'n Schließmuskel.

A: So klar war mir dit nich, immahin, ne Schülddrüse haste ja ooch nich.

G: Merkt man ma wieda, ditte im Osten zur Schule jejangen bist. Stasi: 1, Bio: 6, wa? Mann, Schülddrüse und Schließmuskel, dit sind doch wohl zwee vollkommen vaschiedene Paare Socken!

A: Schon jut, schon jut.

G: Nüscht is mit schon jut, sollick dir ma den Körpa aklären bitte, ja?!

A: Andermal.

G: Haste Angst vor de Wahrheit?!

A: Kaum.

G: Denn lass da ma fallen wenichstens. Dit kannste ja wohl ma wenichstens machen.

A: Ick hab grad meine juten Hosen an, Gott, und außadem muss ick für meine Freundin Blumen koofen, die hat Jeburtstach jehabt und ihr Abitur bestanden, dritta Bildungsweg ...

G: Jefangen in den Konventionen, wa?

A: Jenau, Tschüss Gott.

G: Wenn de jetz denkst, dittick ooch Tschüss sage, denn haste da aba jeschnitten.

A: Lass ma raten, Kreativpause?

G: Aba hallo!

Zwiegespräche mit Gott | *heute: Platzanweisung*

A: Na Gott.

G: Na.

A: Na, ick bin voll außa Puste.

G: Biste jerannt?

A: Jejoggt.

G: Willste wat tun, für deine Konditjon, ja?

A: Ick will bein Marathon mitloofen, Gott.

G: Bein Berlin-Marathon?

A: Bein Boston-Marathon. Ick sammel doch Ansichtskarten. Und von Boston habick noch keene.

G: Hast dir ja wat vorjenommen, alle Achtung!

A: Ick nehm ooch keen Doping, Gott.

G: Vorbildlich.

A: Ja, ick dachte, ick bin ma 'n Vorbild. Ick finde, dit is ooch keene Schande zu valiern. Ick steh ooch für alle Kontrollen zur Vafügung. Willste mir ma kontrolliern, Gott?

G: Nee, ick gloob dir, ditte dit nich tust.

A: Kannst ma ruhich kontrolliern, Gott, ick bin sauba, kannst ma zun Beispiel Urin abzappen oda Blut, kannst ooch meen genetischen Fingaabdruck haben, hier, willste?!

G: Wat sollick denn mit deinen Fingaabdruck?

A: Na, da kannste zweifelsfrei feststellen, wattick so jemacht hab, in'n letzten Monat.

G: Ick bin Gott.

A: Ja, aba du kannst dit nich beweisen.

G: Da jibs nüscht zu beweisen. Ick bin Gott, basta!

A: Ja, aba wer gloobt dir dit?

G: Pass ma uff, ick bin keen Sportla, entweda man gloobt an mich, oda eben nich.

A: Du willst riskiern, dit alle denken, du betrügst?

G: Ick riskiere übahaupt nüscht, du riskierst hier wat, und zwar ne dicke Lippe, Scholli!

A: Meinste, ick komm' unta die ersten zehn, Gott?

G: Ausjeschlossen.

A: Ausjeschlossen? Ick trainier aba, wie der Teufel.

G: Tolle Vorbilda haste.

A: Ick mein dit als Redewendung. Vorjestan habick trainiert, jestan habick ooch trainiert und heute habick ooch schon trainiert.

G: Dit is schön. Trotzdem würd dit nich reichen, um unta die ersten zehn zu kommen.

A: Morgen willick soja zweema trainieren.

G: Ja.

A: Und ab nächste Woche trinkick ooch keen Bier mehr, jedenfalls nich mehr so viel.

G: Sehr löblich.

A: Ick krempel mein Leben um, Gott, weilick bein Marathon mitloofen will. Da könnteste mir schon ma 'n bisschen Hoffnung machen.

G: Ick find dit sehr schön, dis du dis tust.

A: Also, welchen Platz?

G: Lauf ruhich, aba übanimm da nich.

A: Welcha Pla-hatz?

G: Achte uff deinen Körpa, kiek dir die Landschaft an, da habick mir nämich Mühe jejeben, bei.

A: Den Platz willick wissen, Gottchen!

G: Wenn de so ranjehst, mit so einen krankhaften Ehrgeiz, so unjeschtüm und ohne Kontrolle, denn kannick dir jenau sagen, uff welchen Platz du landest.

A: Ick höre.

G: Uff'n Platz des Himmlischen Friedens landeste denn und zwar nich uff den in China, sondan uff den, der nach deinen Leben kommt.

A: Meinste echt, ick komm' in'n Himmel, Gott?

G: War ooch nur ne Redewendung. Du hast dein Leben noch vor dir, also jenießet jefällichst.

A: Sollick etwa wieda anfang' mit Bier trinken?

G: Du hast doch noch janich uffjehört.

A: Toll! Und ick wollte 'n Vorbild sein. Jut, denn, haste ma ne Zichte, Allmächtija?

G: Grade ausjemacht.

A: Schöna Gott biste. Hättick ja glei zun Teufel jehn könn'. Tschüss Gott.

G: Tschüss, tschüss du. Und nich glei wieda übatreiben, ja, lasset ruhich anjehn, bein Biertrinken, meinick.

Zwiegespräche mit Gott | *heute: Eine Flasche Wodka*
aufmachen und laut, sehr laut, „Teenage Kicks" von den
Undertones hören

A: Na Gott.

G: Na.

A: Na, haste Feierabend?

G: Ick hab nie Feierabend.

A: Ick meine, obde Zeit hast.

G: Ick hab imma Zeit.

A: Is dit nich 'n Widaspruch in sich?

G: Nö.

A: John Peel is jestorben.

G: Ick weeß.

A: Und, kommta in'n Himmel?

G: Gloobst ja sowieso nich dran.

A: John Peel, der hattet echt druffjehabt, findste nich ooch Gott?

G: Du vastehst doch jakeen Englisch.

A: Aba die Musik, die er jespielt hat. Musik, Gott, dit is ne
Sprache, die jeda vasteht.

G: Jeda?

A: Vielleicht nich jeda. Doch, jeda. Außa villeicht die Tauben und
mit Tauben meinick jetz nich die Flugratten, sondan die tauben
Menschen. Und mit tauben Menschen meinick jetz nich ne Kreu-
zung zwischen Flugratten und uns, sondan Menschen ohne Jehör.

G: Schon klar.

A: Obwohl, ick gloobe selbst Menschen ohne Jehör, könn' Musik
vastehn. Da jibs ja ooch dieset Lied von dem Grönemeyer: „Sie
hört Musik auch wenn sie taub ist", kennste dit?

G: Ham dit die Satanisten nich imma jehört, die aus'n ersten Stock?

A: Kannick mir einklich nich vorstellen, dass die dit jehört haben,
außa villeicht, die ham dit Radio anjemacht und ooch wenn se
dit anjemacht ham, denn hamse dit bei so ne Musik bestümmt nich

so laut anjemacht, dit du dit hier oben hättest hören können. Dit wär denen nämich bestümmt peinlich. Apropo, wat hörst du einklich so für Musik, Gott?

G: Icke?! Ick hör meistens die Musik, die die Satanisten hören.

A: So schlümm?

G: Kannick dir sagen. Ick gloob, die sind ooch taub, wenn nich, denn führn se einen regelrechten Krieg gegen alle, die hier wohnen, in'n Bezirk. Dit sagick dir, dit is ein Segen, wenn die ma weg sind, wenn se ma, wat weeß ick, uff'n Friedhof oda bei ihre Eltan sind, denn hörick manchma nämlich ooch die Musik von der schräg obendrüba, die is dajegen richtichgehend wohltuend. Wie von einem Engel is die Musik von der. Und manchma, da singt ooch die von janz oben.

A: Die Alkoholikerin?

G: Nee, die Opansängerin.

A: Ach die.

G: Ja. Die hat ne supahohe Stümme. Wenn die singt, denn habick imma Angst, dit glei die Bierpullen ausnanderplatzen.

A: Wie in den eenen Fülm.

G: Wat für'n Fülm?

A: Jabs doch ma so'n Fülm, wo so eena imma so hoch jesungen hat, dit da imma dit Glas zasprungen is. „Die Blechtrommel" hieß der gloobick, is ja ooch ejal, ick wollt ja eigentlich wissen, wat du dir selba für Musik anmachen tust, die du so hörn willst.

G: Selba?

A: Wat hörst du jerne für Musik, mit Betonung uff jerne.

G: Wie jesagt, die von schräg oben ...

A: Nee, ick meine, hast du denn jakeene Schallplatten?

G: Nö.

A: CDs?

G: Nö.

A: Aba Kassetten haste doch.

G: Hilf ma ma kurz uffde Sprünge ... Kassetten?

A: Jut, andas. Singen tuste.

G: Kannste vajessen, dit ick jetz wat singe!

A: Gott, bewahre! Ick will bloß wissen, watte so singst.

G: Kennste sowieso nich.

A: Sach ma.

G: Dit hat keenen Namen.

A: Die Richtung, wenigstens die Musikrichtung.

G: Die hat keenen Namen, die Musikrichtung.

A: Denn musste doch ma singen.

G: Vajissit!

A: Soll ick dir villeicht ma wat vorsingen, Gott? Damitte siehst, dittit janich so schlümm is wie de villeicht denkst? So als Ufflockerung, villeicht?

G: Ick muss weg.

A: Ach, nö.

G: Is wegen John Peel, du willst doch ooch, ditter in'n Himmel kommt.

A: Ick gloob nich dran, wie de selba schon janz richtich bemerkt hast.

G: Sicha, aba wenn de dran glooben würdest, denn würdeste dit doch ooch wollen.

A: Ick gloob, dit John Peel uff alle Fälle keen Bock hätte, in so'n Himmel zu kommen, wo da uff ne Wolke 'n Engel sitzt, der so singt, wie die von schräg obendrüba.

G: So jut haste ihn ja nu ooch wieda nich jekannt.

A: Ick gloob aba außadem, Gott, dit du bloß nich willst, dit ick hier singe.

G: Quatsch! Blödsinn! Natürlich sollst du singen. Ick will nur nich unbedingt zuhören müssen.

A: Allet klar. Na denn, tschüss Gott.

G: Tschüss du, und lass den Kopf nich hängen, ja. Sing einfach, sing so laut du kannst. Sing, was du willst und wo du es willst. Dein John Peel, dit vamutick wenigstens stark, der hätte dit bestümmt, hätte der dit, ooch so jesagt.

Zwiegespräche mit Gott | *heute: Gott ärgern die rasenden Autofahrer in der Choriner Straße*

A: Na Gott.

G: Na.

A: Na, kommste mit 'n Kaffe trinken?

G: Lädtst ma ein?

A: Nu.

G: Wat solln dit Nu? Bist doch keen Sachse.

A: Und? Du sachst ooch öftas Nu und bist ooch keen Sachse.

G: Icke?! Dit is ja wohl wat janz anderet. Ick bin Gott. Ick bin allet. Ick bin Berlina, Sachse und Koreana binnick ooch. Nord und Süd. Ick bin soja von'n Mars, wenn de so willst.

A: Von'n Mars, sieh an, stümmt dit, disset da Wassa jibt?

G: Klah jibs da Wassa. Dit is nur andret Wassa, als dit, wattit hier jibt. Uff de Erde. Dit is Marswassa.

A: Marswassa?

G: Marswassa.

A: Und, wat is da der Unterschied?

G: Dit is andas dit Wassa, vollkommen andas. Dit werta schon noch sehn. Würdick an eure Stelle lieba nüscht von trinken, von dem Wassa da.

A: Warum nich?

G: Weil dit euch nich schmeckt, darum. Kannick mir jedenfalls nich vorstellen, dit euch dit schmeckt. Weil dit nämich für andre Wesen sein sollte, dit Wassa, für vollkommen andre Wesen, für Wesen, die einen vollkommen andren Jeschmack haben als wie ihr.

A: Andre Wesen, dit klingt ja intressant.

G: Dachteste ihr seid die Einzijen?

A: Nu. Hattick jedacht. Also ... einerseits hattick dit jedacht, andrerseits habick schon ooch jedacht, disset möglichaweise noch andre Wesen jeben tut. Is schließlich unendlich, der Weltraum.

Jibt ja unendlich ville Planeten. Da muss doch denn quasi ma eena von so sein, wie bei uns hier der Planet, mit, wo die gleichen Vorraussetzungen herrschen. Im Prinzip is dit simple Wahrscheinlichkeitsrechnung.

G: Quasi, meinste.

A: Ja. Kannick dir jetz nich aklärn, die Rechnung. Aba die stümmt, die haut hin. Jibs ooch Publikationen drüba. Sollteste dir ma besorgen.

G: Ick, Gott, sollte mir also Publikationen besorgen.

A: Man kann imma noch wat dazulernen, ooch du Gott, würklich.

G: Ooch icke.

A: Binnick voll der Meinung.

G: Soso. Biste also der Meinung. Und wat hältste davon, wennick dir uff de Stelle in ein Tempo-30-Vakehrsschüld vawandel?

A: Sei doch nich glei einjeschnappt. Ick habs doch nur jut mit dir jemeint. Ick bin doch dein Freund. Wat würdeste denn davon haben, wennick jetz hier als Schüld inne Gegend rumstehe?

G: Fahrn die Autos nich mehr so schnell, zun Bleistift. Isset alljemein ruhija. Passiern wenija Unfälle, gerade für Kinda …

A: Hast ja recht, aba bedenke, ein Vakehrsschüld lädt dich nich ma eben zun Kaffe ein.

G: Meinste, du bist der Einzije uff diesa Welt, der mich zun Kaffe einladen tut? Jestan warick zun Beispiel mit den ehemalijen Mista UNO …

A: Kofi Annan?

G: So würda jeheißen haben. Weiße Haare hatter jehabt, janz schwarz isser jewesen. So eena mit nur eenen Arm.

A: Wat?! Ein Arm nur?!

G: Villeicht warns ooch zwee. So jenau konntick dit nich akennen, der hat mir ja imma nur eene Seite zujedreht. Uff jeden Fall hattit keinerlei Grund jegeben, ihn in ein Vakehrsschüld zu vawandeln. Ein kluga Mensch.

A: Ach nee.

G: Ja. Villeicht sollteste dir ma von diesem klugen Menschen eine Scheibe abschneiden, oder dir ma ein Buch besorgen, von ihm, oder von jemand anders ein Buch, statt so ville Zeit mit Wahrscheinlichkeitsrechnung zu vatrödeln. Apropo vatrödeln, kannste mir dit Jeld für den Kaffe nich jetze jeben, in Münzen, denn könnt- ick mir den anne Bushaltestelle holn. Ick muss nämich, wichtja Termin, in Indien, mit Mahatma Gandhi. Mussick mit ihm üba die Atombombe reden. Die spinnen ja völlich da unten. Kaum sind se ma uff'n Mars jewesen, vastehste, denken se glei, sie wärn jetz die Kings von janz Afrika. Da braut sich wat zusammen, dit sagick dir. Taliban, Maut, Vogelgrippe und dit Klima spielt ooch varrückt. Jut, schieb ma rüba, die Kohle.

A: Ick hab ...

G: Zeig ma.

A: Ej! Spinnst du! Jib mir sofort mein Portmonee wieda!

G: Ick wollt dit bloß abkürzen, ick hab doch keene Zeit. Hier.

A: Moment ma! Welcha Kaffe kost denn zehn Euro, Gott?!

G: Laut Wahscheinlichkeitsrechnung jibs bestümmt 'n Stand oda ne Bude. Nüscht für unjut, bis demnächst.

A: Arschloch!

G: Probleme?!

A: Nee, grüß den Bus.

G: Wat für'n Bus? Ach so, ja, machick.

A: Na Gott.

G: Na.

A: Na. Dit Rattenloch bei uns is wieda zu.

G: Habta Ratten?

A: Hattick doch azählt. Kla hamma Ratten. Jeda hat Ratten.

G: Nich jeda.

A: Na, ob wohl ma! Jeda! Inne Stadt jedenfalls jeda. Da hat jeda Ratten, manchma siehste se villeicht nich, weil se da untendrunta sind, sich vastecken, inne Rohre drin, aba Ratten hat jeda, würklich Gott! Dit jibt in Berlin orijinal mehr Ratten als wie Einwohna.

G: Ach nee.

A: Ick sags ja nur.

G: Dit jibt ooch mehr Ameisen, mehr Kiefannadeln und mehr Blattläuse in Berlin.

A: Blattläuse? Haste nich richtich rechachiert, Gott. Blattläuse wohl kaum, jedenfalls nich in'n Winta.

G: Mit wat habta denn dit zujemacht?

A: Dit Rattenloch?

G: Dit Haushaltsloch meinick sichalich nich!

A: Dit is ooch schlümm, wa?

G: Dit Haushaltsloch?

A: Wenn se dit nich bald stopfen, denn, aua, denn sehick aba schwarz. Denn müssen se ja wahscheinlich bald die janzen Schulen, Altasheime und die Biergärten dichtmachen.

G: Die Biergärten?

A: Wenigstens die Biergärten, die in'n Besitz von'n Staat sind oda von staatseigene Betriebe.

G: Ham die welche in'n Besitz?

A: Aba Hallo! Hier bein Reichstach, wo jetz der Bundestach drin is oda umjekehrt, da gibs ja ooch Kneipen, oda vonne CDU oda vonne PDS, da jibs ja ooch Kneipen.

G: Aba die sind ja denn vonne Parteien, die sind ja denn nich von'n Staat.

A: Aba die werden von'n Staat bezahlt, durch die Wahlkampfkostenrückerstattungspauschale, zun Bleistift.

G: Aba die Wahlkampfkostenrückerstattungspauschale, zun Bleistift, die hat ja jetz direkt nüscht mit den Kneipen zu tun, die hat ja wat mit den Wählastümmen zu tun, eha, die die Parteien wählen tun.

A: Aba tritratrullala.

G: Wie bitte?!

A: Trotzdem.

G: Häh?!

A: Dit würd trotzdem ein Kneipensterben jeben, Gott. Weil nämich ooch wegen die Mehrwertsteuer und die janze politische Großwetterlage. Ick sage dir, bald sitzt keena mehr inne Kneipe.

G: Denn saufen se alle vürtuell, oda wat?

A: Jenau, mitte Maus. Die kleenen Biere zumindest. Für die Großen brauchste schon ne Ratte. Nee, Quatsch, die jehn natürlich jepflegt inne Kaufhalle spaziern, holn sich da ihre, wat se so brauchen und denn, denn jetz in'n besten Falle uff de Bank, im schlümmsten zu Hause.

G: Im schlümmsten?

A: Naja, ick meine Saufen, schön und jut, oda sagen wa bessa, hässlich und schlecht, aba inna Kneipe wenigstens kommunikativ und unta Kontrolle, uff de Bank immahin noch kommunikativ, zumindist is der Wille zur Kommunikatjon erkennbar vorhanden, aba zuhause, da is doch keena.

G: Sachst du.

A: Sei ma nich so weltfremd, Gott.

G: Weltfremd, du nennst ma weltfremd?! Ej, pass ma uff, Piepel, wenn du ma Weltfremdheit untastellst, ja, denn untastell ick dir glei ma ... Geistfremdheit, na, wat sachste dazu?

A: Hört sich jut an. Aba in'n Ernst, ick meine entweda du hast

Familje, 'n juten Job und 'n Stapel goldene Visa-Karten uff'n Jiro-Konto rumzuliegen oda du säufst.

G: Oda und!

A: Denn biste aba garantiert vorher nich inne Kneipe zun Saufen jegangen. Außa villeicht, die Kneipe hörte uff den schönen Namen „Le Grand Hollywood-Paris Bar" und da drinne wurden so nackige Möpse präsentiert. Der normale Kneipengänga jedenfalls trägt Bauchansatz, spricht fließend Dialekt und er weiß sichalich viel, bloß bei de Umsetzung hapats.

G: Wie bei dir, meinste?

A: Immahin habicks jeschafft, dit Rattenloch zuzukippen. Habick ma einfach außen Kella ne Schaufel jeholt und hier bei Pro 7, Komma 8, Alle Neune, diese Sorte Läden, habick 'n Eima jekooft und denn habick da schön so'n Eima, von dem Schutt, von die Juppi-Bude hinten bei uns, habick da so'n janzen Eima Schutt, da rin in dit Loch, rinjekippt. Wat meinste, Gott, wie dit is, wenn man dit ma jeschafft hat, dit anzupacken und wenn man denn sein eigenet Werk ansieht!

G: Ja, ein schönet Jefühl, wahscheinlich.

A: Dit is einfach, da brauchste keen Applaus, Gott, da biste zufrieden, einfach so, tief befriedicht, innalich. Aba würklich tief!

G: Tja. So alle halbe Jahre ma eenma zur Schaufel jegriffen, wa, und schon ...

A: Ick muss, Gott. Hab noch zu tun. War mir wie imma ein Fest.

G: Le Grand Hollywood-Paris Bar?

A: Chorina Eck.

G: Jibs doch janich mehr.

A: Tschüss Gott.

G: Tschüss du.

Zwiegespräche mit Gott | *heute: Andere Bedingungen erfordern andere Lösungen*

A: Na Gott.

G: Na.

A: Na, sach ma, weeßt du 'n juten Kindajaten, inne Nähe hier.

G: Kita, meinste.

A: Ja, möglichst ohne Töpfchensitzmethode, aba ooch ohne so, wo man so mithelfen muss.

G: Hilfst wohl nich jerne.

A: Alten Omas üba de Straße, schon, oda kleene Kinda, wenn se nich an die Süßichkeiten in die obaren Regale bei de Kaufhalle rankommen. Ansonsten vafahrick nach die Methode „Hilf dir selbst, denn hilft dir Gott".

G: Aha, sacht man so, wa?

A: Landläufich, ja.

G: Dit dit Quatsch is, dit weeßte aba.

A: Is Quatsch, ja?

G: Allahdings is dit Quatsch. Meinste ick könnte mir um alle Menschen hier, um jeden Einzelnen kümman?

A: Krichste nich hin, wa?

G: Jibt schließlich ooch noch Tiere und Pflanzen uff den Planeten, von den andan Planeten janich erst zu reden.

A: Wat denn für andere Planeten?

G: Bleiben wa erstma bei den Planeten hier.

A: Nee, bleiben wa ma bei die andan Planeten, wat denn für Planeten, Gott?

G: Andre, aba darum jehts ja janich!

A: Doch, darum jehts. Wat denn für andre Planeten?

G: Meinste ihr seid alleene in'n Universum?

A: Ick mein janüscht, wie sehn se 'n aus, Gott, sind se so Nebel, wie bei den een sowjetischen Science-Fiction oda grün oda Ameisen oda könn se sich imma vaändan, sich anpassen, so chameleonmäßich, oda sind se nachher soja wie bei Stanislaw Lem sein Roman selba 'n ganza Planet?!

G: Meine Güte, man könnte denken, du hättest früa ma Bücha jelesen.

A: Bis wa 'n Fernseha jekricht ham, stümmt dit ooch, Gott. Aba lenk nich ab, wir warn bei die Marsmenschen.

G: Wer, bitteschön, redet denn von Marsmenschen?

A: Nich Mars? Kassiopeia? Kassiopeiamenschen?

G: Warum denn unbedingt Menschen? Is dein Horizont so dermaßen einjeengt, ditte dir nüscht anderet vorstellen kannst als wie Menschen?!

A: Ameisen?

G: Andere Bedingungen erfordern andere Lösungen, Freundchen und daraus resultieren zwangsläufich andere Ergebnisse.

A: Du hörst da ja an, Gott, wie früa diese Feife von Politoffizier, bei uns bei de Asche.

G: Tja, hättste ma studieren solln, Scholli.

A: Drei Jahre? Hast wohl 'n Rad ab?! Außadem is Taxi-Fahren nich so mein Ding.

G: Jibt ooch welche, die't jeschafft haben, vonne Uni mittenmang hinein ins erfolgreiche Leben.

A: Meinste die Toten, die in Schlips und Anzuch, die ein' ständich die Sicht vasperren, uff die schönen Dinge im Leben?

G: Jibt ooch Doktors, mit lange Haare, soja.

A: Mmh, die nennt man Doktorinnen.

G: Jibt ooch Doktors mit lange Haare, ohne Brüste, ohne Schlips, ohne Anzuch, aba dafür mit Ideen. Ick hab ma neulich ma mit een untahalten, schlauet Kerlchen, mussick sagen.

A: Uff'n andan Planeten oda wat? Meinste dit mit andere Ergebnisse? Sind die Außaürdischen allet Studierte?

G: Vasuchs ma inne Fehrbellina, fast anna Kastanien dran.

A: Häh?!

G: Wegen einen Kindajatenplatz.

A: Kita!

G: Von mir aus. Ick gloob, da muss man nich helfen. Und Töpf-chensitzmethode, kannick ma nich vorstelln, die ham so'n Regen-bogen außendran jemalt.

A: 'n Schwulenkindajaten also.

G: Kita, Kita.

A: Danke, Gott. Aba wartte ma, so leicht kommste mir nich davon, ick will noch von dir wissen ...

G: Tschüss!

A: Aba nächstet Ma, ja, denn ...

G: Tschüss!

A: Tschüss Gott.

A: Na Gott.

G: Na.

A: Na. Allet okay?

G: Soweit sojut, ja.

A: Freut ma.

G: Ja, schön dis de fragst.

A: Is doch ne Selbstvaständlichkeit. Wie lange kenn wa uns jetze?

G: Für deine Maßstäbe, lange.

A: Siehste, da is dit doch eine Selbstvaständlichkeit, dit man denn ma nachfragt.

G: Hmm, haste ja jetz jemacht.

A: Bei uns jegenüba, Gott, is jestan ein Krankenwagen anjehalten ... jewesen.

G: Lernste grade sprechen?

A: Weeßt schon, wat ick meine. Richtich mit Blaulicht und so. Und denn hamse da ne Frau rausjetragen. Ne alte Frau.

G: Haste Angst, dit se mich ooch bald raustragen?

A: Die Frau, die kanntick noch, von früa.

G: Jugendliebe?

A: Quatsch! Die is 80 oda so. Also jewesen. Oda wie sacht man, wenn se tot is?

G: Denn sacht man jewöhnlich, dit se tot is. Manche sagen ooch, sie sei abjenippelt, aloschen, den Weg alles Irdischen jegangen oda varreckt, aba tot is schon korrekt, sie is tot, jestorben, so.

A: Ick meine, isse denn noch 80 oda war se denn 80 oda isse 80 jeworden?

G: Wenn se Jeburtstach hatte, denn isse 80 jeworden, ansonsten is sie im achzichsten Lebensjahr aus dem Dasein jeschieden.

A: Ick hatte die schon ewich nich mehr jesehn, Gott. Die muss sich in ihre Wohnung da, da muss die sich regelrecht vabarrikadiert haben, drin. Villeicht war se ja lichtkrank, wie die Frau von Helmut Kohl?

G: Depressjonen meinste?

A: Man hätte mal klingeln sollen. Einfach ma klingeln und fragen, ob allet okay is.

G: Bei ne 8o jährigen Frau musste gloobick andas fragen. Die hatte doch keen Englisch inne Schule, damals, villeicht für okay, würdick einfach 'n anderet Wort einsetzen, villeicht knorke.

A: Na, allet knorke? Ick weeß nich, ick weeß nich. Klingt wie Ostrock. Nee, Gott, ick gloob schon dit die wusste, wat okay heißt. Die hat ja nich in'n luftleeren Raum jelebt.

G: In'n Weltall, meinste?

A: Ob se da jetz is?

G: In'n Weltall?

A: In'n Himmel.

G: Ick denke, du gloobst nich dadran?

A: Lass ma doch ma träumen.

G: Die is bestümmt im Himmel, die gute Frau Struck.

A: Struck? Die meinick doch janich.

G: Meinste die Hoffmann?

A: Nee, Hoffmann hieße ooch nich. Dit war so ne schlanke alte Dame war dit, Gott. Weiße Haare hat se jehabt.

G: Weiße Haare, schlank und alt sachste? Na, denn kann dit ja nur ..., 'n Foto haste nich zufällich?

A: Ick hab die jahrelang nich jesehn, Gott. Und vorher, da kanntick die ooch bloß, so vonne Straße her, habick schon ma so „Guten Tach" jesacht, aba meinste, dittick sie da mit ne Kamera dabei, oda wat, ick bin doch nich pervers!

G: Hätt ja sein könn', dit du grade 'n Foto von deine Ollen jemacht hast, oda deine Olle eens von dir, und in'n Hintagrund, da tappat plötzlich, janz harmlos, als könnt' se keena Fliege wat zuleide tun, ne Omi durchs Bild.

A: Ick hab alle meine Fotos vabrannt, Gott, alsick 'n neuet Leben anfangen wollte, konnt ick doch nich ahnen, dit nach drei Tagen schon wieda Schluss war, mit den neuen Leben. Da warick denn wieda im Alten drin, bloß eben ohne die Fotos.

G: Immahin kannste da noch entscheiden zwischen alten und neuen Leben, biste immahin priviligiert.

A: Immahin, ja.

G: So. Mir jehts jut, sonst noch wat?

A: Nee.

G: Na, denn.

A: Tschüss Gott.

G: Tschüss du, und ick mach ma ma schlau. Weiße Haare, alt und schlank hatteste jesacht?

A: Hmm.

G: Und du bist dir sicha, dittit ne Frau war, sonst hättick nämich uff den Papst jetippt.

A: Haha, Gott.

G: Ick seh schon. Du sagst aba rechtzeitich Bescheid, ja, wenn de dit Licht nich mehr vaträgst?

A: Schulz hieße, Frau Schulz.

A: Na Gott.

G: Na.

A: Na. Wohnst du noch oda lebst du schon?

G: Hä!

A: Ick weeß, blöda Spruch. Werbung von Ikea.

G: Nazi-Ikea?!

A: Jenau. Aba wat soll man machen, wenn man keen Jeld hat?

G: Für Sprüche?

A: Für Möbel.

G: Haste keene Möbel mehr oda wat?

A: Haben tuick schon noch welche.

G: Aber?

A: Eben aba. Aba trifftit janz jut. Also, der Stuhl zun Bleistift, da is die Sitzfläche lose, bei de Matratze, die is eha so'n Loch und bein Kleidaschrank, da jeht die Tür nich uff, die eene und der Schreibtüsch, den, also den kannste glei völlich vajessen. Da jeht, wenn de die eene Schublade uffziehst, denn jeht da imma glei dit janze Ding ab da, vorne.

G: Dit Ding?

A: Richtich, dit Ding. Dit Ding, wo der Griff dran is. Die Vorderfront sozusagen. Dit, womit man die Schublade eben so rausziehen kann. Da is ürgendwie der Leim ab, von die Dübel.

G: Vastehe.

A: Ja, und außadem sieht der ooch scheiße aus. Der is ooch janz dreckich.

G: Villeicht ma saubamachen?

A: Jeht nich. Habick schon probiert. Dit is, der sah ooch schon imma so aus. Alta Stasi-Schreibtüsch.

G: Stasi?

A: Ja. Oda vamutick ma wenigstens stark.

G: Weil?

A: Weil, die Farbe zun Beispiel, dit kann nur vonne Stasi jewesen sein, so ne Farbe. Den habick ja ooch vonne Straße. Den hat da so '91 rum jemand rausjestellt, so wie se da allet rausjestellt ham, weil se nich akannt werden wollten. Allet, Bücha, Schallplatten, Möbel. Der hat ooch, der Schreibtüsch, der hatte so'n Uffkleba druff. 'n Uffkleba, jenau.

G: 'n Stasi-Uffkleba?

A: Ja, weeßick nich, Stasi stand bestümmt nich druff, so plump warn die nu ooch nich, aba sowat Ähnlichet, Ministerjum pipapo oda Verlag Halt mich fest oda Bibliothek.

G: Bibliothek?

A: Ja. Mann, dit war doch allet Stasi damals. Dit, ick weeß nich, haste nich ma wat in Fernsehn jesehn dadrüba?

G: Vajessen, ditick Gott bin?!

A: Nö.

G: Meinste, ick muss mir wat in Fernsehn ankieken, bevor ick weeß wat los is?!

A: Na also Gott, denn müssteste dit doch wissen?! Dit war doch so, so und nich andas! Jedenfalls is mein Schreibtüsch ... Mann, villeicht isser ooch nich vonne Stasi, dit is mir doch schnuppe, jedenfalls isser dreckich und kaputt. Zu dreckich und zu kaputt. Dit sacht meine Freundin ooch.

G: A-ha.

A: Ja, und damit hatse ooch recht.

G: Habick dit Jegenteil behauptet?

A: Nee, aba dein „A-ha", dit klang ürgendwie wie ...

G: Wie?

A: Wie, na als wennde ... so'n bisschen höhnisch klang dit. So, als wennde damit meinen würdist, ditick ... ditick untan Pantoffel stehe, janich mehr der Herr in'n eigenen Haus bin, der Bestümma.

G: Und?

A: Wat und?

G: Na, biste der Bestümma oda biste nich der Bestümma?

A: Ach Mann, Bestümma, wir sind beede ... gleichberechticht,

gleichberechticht sind wa beede.

G: So?

A: Ja. Wenn wa untaschiedlicha Meinung sind, denn reden wa dadrüba.

G: Und denn?

A: Na, denn reden wa ebend. So lange, bis wa uns jeeinicht haben.

G: Und uff wat einichta euch?

A: Na, uff dit wat einleuchtenda is, ürgendwie. Dit, wofür dit mehr Argumente jibt, denn.

G: Echt?

A: Meistens.

G: Dit heißt, mit andan Worten, du findest deine Möbel eigentlich noch janz brauchbar.

A: Dit heißtit übahaupt janich, in'n Prinzip! Aba ick seh schon, ick merk schon, wat du willst.

G: Wat willick denn?

A: Einen Keil willste treiben! Einen Keil zwischen uns!

G: Zwischen ... UNS!?

A: Zwischen mich und meine Freundin. Du willst uns ausnanda-bringen, damitick dir denn meine Seele vakoofe wahscheinlich, aba dit würd dir nich jelingen, niemals!

G: Unsinn.

A: Siehste!

G: Unsinn, ick meine, ick will euch doch nich ausnandabringen, dit is mir doch ejal, wenn sie der Bestümma is, von mir aus. Dit is doch vollkommen in Ordnung. Kooft euch doch neue Möbel.

A: Meinste?

G: Kla, von mir aus ooch 'n neuet Auto, is doch voll okee.

A: Findste Gott? Habick da villeicht doch falsch einjeschätzt. Denn sagick ma bessa Tschuldijung und nüscht für unjut, wa, ick wird denn ma wieda, muss noch zun Glasa, neue Fensta, dit zieht imma so schrecklich, tschüss Gott.

G: Tschüss du. Grüß deine Freundin und warum nich glei ne neue Wohnung, 'n neuet Haus, kooft euch doch ... ach wat sollt.

A: Na Gott.

G: Na.

A: Na, jut jeschlafen?

G: Wie meinst'n dit?

A: Na, ob de jut jeschlafen hast, so meinick dit. Nur so, nich anders. Janz ohne Hintajedanken.

G: Ach so.

A: Ja.

G: Wann denn?

A: Na, jetze.

G: Jetz habick nich jeschlafen.

A: Nee, jetze meinick dit.

G: Ach so.

A: Ja.

G: Aba vaarschen willste ma nich?!

A: Nee.

G: Kannick nämich selba.

A: Ohne Zweifel kannste dit. Ohne Zweifel. Du bist schließlich Gott.

G: Stimmt, ick bin Gott und du nich.

A: Habick behauptet, dittick Gott bin?

G: Du hast 'n Popel anner Backe.

A: Oh, du siehst würklich allet, Gott. Isser weg?

G: Mmh.

A: Hoffentlich nur der Popel. Ick hab nämich ma 'n Comic jehabt, da war dieselbe Situation. Ooch mit 'n Popel anner Backe und da hat der sich den ooch abjewüscht und hat ooch jefragt, oppa weg is und da war denn aba nich nur der Popel weg, sondan gleich noch mit dit janze Jesicht dazu.

G: Aha.

A: Ja. Schlümm, oda?

G: Schon, ja.

A: Stell dir ma vor, Gott, du hättest plötzlich keen Jesicht mehr.

G: Schwierich.

A: Schwierich?

G: Nee, falsch. Nich schwierich, sondan mit die Situation von euch nich vagleichbar. Im Untaschied zu euch hab ick ja mehrere Jesichta. Tausende. Eigentlich soja noch mehr. Wennick da ma eens von valiere, dit fällt janich weita uff. Aba in Ernst, haste Probleme? Will dir jemand anne Wäsche?!

A: Mir?

G: Nee, dir!

A: Mir doch nich. Mir will doch keena wat.

G: Vajessen, dit ick Gott bin? Du kannst ma nüscht vormachen, ürgentwat is.

A: Ürgentwat is sicha, da haste recht. Villeicht meinste ja den Tschetschenien-Krieg, der is.

G: Den Tschetschenien-Krieg?!

A: Oda Evolution, die is soja schon noch länga.

G: Du lenkst ab.

A: Weeßte Gott, wat mir grad einjefallen is, wennick nu Backe mit Nachnamen heißen würde und ick würde ne Tochter kriegen, denn könntick die ja Anne nennen.

G: Könnteste. Dit bewegt sich im Rahmen deina Möglichkeiten.

A: Vastehste Gott, Anne mit Vornamen, Backe mit Nachnamen, Anne Backe, lustich, oda?

G: Du lenkst ab.

A: Oda Hartz IV, gloobste dit Hartz IV, wenn dit würklich greift, dit dit denn die Rettung is, für die Montagsmala?

G: Darum jehts jetz janich.

A: Stura Sack. Du willst ja bloß, dittick 'n Problem habe, damitte mir helfen kannst. Du mit deinen Samaritakomplex. Schön. Tuick dir den Jefallen. Sagen wa einfach, ick weeß nich mehr wer ick bin und wat ick will. Zufrieden?!

G: Is'n Anfang.

A: 'n Anfang? Wat soll'n da noch komm'?!

G: Lasset ma ruhich ma allet raus, hört ja keena zu, außa mir.

A: Und wat is mit die Olle von jegenüba, die imma lauscht?

G: Die is harmlos.

A: Wär mir aba lieba, wenn wa 'n Piepton drübalegen könnten.

G: Dein Ernst?

A: Wär ma lieba.

G: Jut, denn Piiiiiiiiiiiiiiiiiiiiiiiiiiiiiiiiiiiiiiiiiiiiiiiiiiiiiiiiiiiiiiiiiiiiiiiiiii iiiiiiiiiiiiiiiiiiiiiiiiiiiiiiiiiiiiiiiiiiiiiiiiiiiiiiiiiiiieeeeeeeeeeeeeeeeeeeeeeeeee eeeeeeeeeeeeeeeeeeeeeeeeeeeeeeeeeeeeeeeeeeeeeeeeeeeeeeeep.

A: Nich schlecht. Coole Itze, Gott. Machick, tschüss Gott.

G: Tschüss, aba hintaher uffräumen, hörste. Sperrmüll kannste bei de BSR abjeben, kostenlos. Na denn, wünschick dir viel Spaß, und lasset ordentlich krachen.

A: Dit werdick Gott, dit werdick.

A: Na Gott.

G: Na.

A: Na, isset eigentlich schon um sechs?

G: Weeß nich, ma kucken, ja, kurz nach, warum, haste noch wat Wichtiget vor?

A: Ach, ick wollt noch ma inne Bibliothek. Wat ausleihen. Ein Buch.

G: Die Bibel? Kannste ooch von mir haben.

A: Nich die Bibel. 'n anderet Buch. Wat üba Vögel.

G: Vögel? Moment, ick gloobe, inne Bibel kommt ooch 'n Vogel drin vor. Sollick ma kucken?

A: Nee, lass ma Gott. Ick brauch wat Aktulleret, mit Fotos, wenn möglich Farbfotos.

G: Schade eigentlich.

A: Ja, aba macht nüscht. Dit kann ja nu ma nich allet drin sein, in deine Bibel. Denn wär die ja ooch so dermaßen dick, denn würde die ja nich mehr rinpassen, in die Schubladen von die Nacht-tüschschränkchen in die Hotelzimma.

G: Haste ooch wieda recht. Stümmt. Jibt ja so ville. Ick hab ja so ville jemacht, damals. Zujejebenermaßen war ooch ville Scheiße dabei. Mann, wenn ick ma daran ainner. Dit Meiste is ja zun Glück von alleene einjegangen. Zun Beispiel diesa fliegende Füsch, diesa dicke, oda die Saurier oda die achteckigen Quadrate, aba wat janz Besonderet war natürlich diesa Baum.

A: Wat denn für'n Baum?

G: Na, ick hab ma, da warick voll saua, da war so'n Arsch, na, kennste nich, dit war noch vor eure Zeit, der hat ma so dermaßen uffjeregt, dit war so ein Idjot und, na eigentlich hat dit eene mit dem anderen ooch janüscht zu tun, sagen wa ma so, ick war damals einfach noch jung und bekanntamaßen übalegt man denn nich richtich, wat man tut und da habick denn jedenfalls, da wolltick wat janz Fieset erschaffen, wat so richtich fies is, ja, und herausjekommen is ebend diesa Baum.

A: Ein Baum.

G: Ja, aba keen normala Baum.

A: Dit habick mir beinahe jedacht.

G: Sieh an, Herr Oberschlau.

A: Warit villeicht ein sprechenda Baum, Gott? Jibs bei uns uff'n Weihnachtsmarkt, is voll fies.

G: Nee, es war kein sprechender Baum. Damals jabs übahaupt noch janüscht weita, wat sprechen konnte, außa icke natürlich. Nein, es war ein Baum, der sich von Erde ernährte.

A: Aha.

G: Ja, der hat die janze Erde uffjefressen.

A: Klingt schlümm.

G: Dit klingt nich nur schlümm, dit war ooch schlümm. Dit kannste dir janich vorstellen, erstma jabit ja noch jenuch Erde, aba denn jabit uff eenma schon nich mehr jenuch Erde und aba der Baum, der hat ja trotzdem weitajefressen. Bald war praktisch jakeene Erde mehr da uff de Erde. Nur noch Wassa und Steine und so'n Zeug, wattit heute nich mehr jibt.

A: Echt. Wat denn?

G: Is unintressant, jibs ja heute nich mehr. Willste janich wissen, wie't weitajegangen is?

A: Doch. Wenn's nich mehr so lange dauat, ick muss, wie jesagt, noch inne Bibliothek.

G: Also, ick hab denn, alsick denn jesehen habe, dit dit Janze uff ne Katastrophe zusteuat, da habick denn, nach reiflichen Überlegen, gegen den Baum so ne Fliege erschaffen.

A: Ne Fliege, ah ja.

G: Ja, aba keene jewöhnliche Fliege.

A: Sondan.

G: Ick habe so ne Art Supafliege erschaffen. Die hat so Sägeblätter als Zähne, hat die jehabt.

A: Oh.

G: Ja. Und damit sollte die denn den Baum umsägen. Coole Idee, oda?

A: Ziemlich cool, ja.

G: Ja. Aba die hat dit merkwürdigerweise nich jemacht, die Fliege.

A: Kiek an.

G: Ja. Die hatte ürgendwie keene Lust.

A: Du Gott, dit is ja schon voll interessant hier, aba ...

G: Warte ma, dit is ja noch nich allet. Dit jing ja noch weita.

A: Jing dit noch lange weita?

G: Also, die Fliege, die is dann erstma jestorben, die hatte ooch uff Leben irgendwie keene Böcke und denn aba, dit war ja würklich kaum noch wat vonne Erde da, die war ja würklich ne Scheibe damals und zwar ne janz dünne Scheibe war die, wie wenn de jetz manchma bei de Fleischtheke inne Kaufhalle Salami koofst, so ne dünne Scheibe war dit in'n Prinzip. Dit sah voll schlecht aus für die Erde. In'n Prinzip war die praktisch nur noch 'n Baum mit unten paar Steine dran. So sah dit aus.

A: Und nun dit Finale.

G: Wat für'n Finale?

A: Na, wie is der Baum wieda vaschwunden?

G: Willste denn janich hörn, wattick noch allet vasucht hab?

A: Ürgendwann schon, aba jetze habick leida keene Zeit, wie ick schon diverse Male awähnte. Also, is da jetz der Blitz einjeschlagen oda is der Borkenkäfa jekommen oda Jesus ...

G: Meinen Sohn lässte jefällichst aus'n Spiel!

A: Machick, aba komm zum Schluss. Warum jibs den Baum nich mehr?

G: Willste jerne wissen, wa!?

A: Dit willick wissen, ja.

G: Icke ooch.

A: Nö, wa?!

G: Doch.

A: Ick denk, du weeßt allet, Gott.

G: Allet, außa dit.

A: Ende?

G: Na, ick könnt dir noch azähln, wie ick dit mit den dicken flie-
genden Füsch ...

A: Klar, und ick azähl dir, wie die Zahnpasta inne Tube jekommen
is. Mannometa, tschüss Gott!

G: Tschüss, und viel Spaß mit deine bunten Vögel. Dit mit die
Zahnpasta brauchste mir übrigens nich zu azählen, dit weeßick
selba, dit war ne janz mysterjöse Jeschichte damals, Mann,
wennick daran denke ...

A: Na Gott.

G: Na.

A: Na, wie war eigentlich dein Jeburtstach, Gott?

G: Welcha Jeburtstach?

A: Der vor'n paar Wochen.

G: Ach, der.

A: Ja. Schön jefeiat?

G: Jing so.

A: Jing so?

G: Jing so. Dit Übliche eben. Frühs uffjestanden, Kaffe erstma …

A: Kuchen?

G: Kuchen? Ja, Kuchen jabit ooch, gloobick, jenau, Kuchen jabit ooch.

A: Kerzen ausjepustet?

G: Hmm. Kerzen habick, äh, ausjepustet.

A: Alle mit eenma jeschafft?

G: Wie meinst'n dit?

A: Na, ob de dit jeschafft hast, die auszupusten, die Kerzen, mit eenem Mal.

G: Wat gloobst du denn?! Logisch! Locka! War jetz aba nich ernst jemeint, die Frage, oda? Also, wennick dit nich mehr schaffen sollte, also denn …

A: Wat denn?

G: Wennick 'n Mensch wär, würdick sagen, denn müsstick schleunichst zun Arzt.

A: Jibt aba ville Menschen, die die Kerzen nich alle bein ersten Mal ausjepustet kriegen.

G: Jibt ooch ville Menschen, die ma dringenst zun Arzt müssten. Du, zun Beispiel, zun Beispiel wegen deine Zähne, dit riecht man bis hierher. Voll eklich.

A: Würklich?

G: Wat meinste, warum ick ma so oft umdrehe, wenn du redest.

A: Ick dachte, du hättest wat uff'n Herd zu stehn.

G: Da is wohl eha der Wunsch Vata des Jedankens.

A: Apropo, wat hast'n jekricht?

G: Ick bin jesund.

A: Ick mein zun Jeburtstach.

G: Ach so. Nüscht.

A: Nüscht?

G: Ja. Nüscht. Ick wollte aba ooch nüscht.

A: Denn haste ja jenau dit jekricht, watte wolltest, in'n Prinzip.

G: Ja.

A: Und warum wollteste nüscht?

G: Weilick allet habe, wattick brauche, ach ...

A: Ja?

G: Nee, schon jut.

A: Ick kann da ruhich wat mitbringen, wenn de willst, ick muss sowieso nochma inne Kaufhalle. Macht keene Umstände, echt.

G: Na, du könntest ... ach, ick jeh lieba selba nochma, nachher.

A: Sach an, Gott!

G: Nee, nee, jeh du ma.

A: Zier da nich so, Herrgott!

G: Jut. Also, ne Packung Waschmittel vielleicht, die könnteste ma mitbringen, dit für 90 Grad dit Waschmittel, und sechs Appelsinen. 'n Pfund Butter noch und 'n paar von die, wie heißen die glei, die runden, stachligen ...

A: Igel?

G: Nee, grün, zum Essen.

A: Kiwis?

G: Jenau, Kiwis, denn noch Einwegrasierer, nehm wa die gelben, acht Schrippen, ne Zeitung ...

A: Wat'n für eene?

G: Is ejal, steht sowieso übaall ditselbe drin, Seife könnteste noch, Quark, Kräutaquark, oda nee, nimm ma doch lieba den einfachen, der is bessa und denn noch dazu Kräuta, machick lieba selba den Kräutaquark, der schmeckt denn wenichstens.

A: Wat denn für Kräuta?

G: Schnittlauch, Petasilie, Dill und dieset Yuppiezeugs.

A: Basilikum?

G: Du sagstit. Hattick schon Butta jesacht?

A: Hmm.

G: Aba, Rote Bete hattick noch nich jesacht?

A: Nee.

G: Drei Knollen davon. Milch. Wenn se haben 10er Packung Tolettenpapier, dit weiße aba, mit den grauen reibt man sich ja den Arsch wund, 'n Sack Katoffeln, Pflaumenmus, ach weeßte, und denn bringste mir ma einfach von diesa Blutwurst ...

A: Schlümme Augenwurst?

G: Jenau, davon 100, nee, 200 Gramm, zehn Eia und 'n Harza Käse.

A: Dit wart?

G: Ja. Knäckebrot noch. Und eine Flasche von dem spanischen Weinbrand, weeßte, dem mit dem Stier druff, dit wär nett, wenn de den mitbringen könntest, der schmeckt so gut. Anne Apotheke kommste ja nich vorbei, oda? Ach, würdeste ooch sowieso nich kriegen, ohne Rezept.

A: Gott?

G: Ja.

A: Dit is jetz dreivürtel acht. Die Koofhalle macht in fuffzen Minuten zu. Ick jeh denn ma. Bis gleich, ja.

G: Ja, bis gleich.

A: Na Gott.

G: Na.

A: Na, haste zu tun?

G: Imma.

A: Ick kann ooch späta noch ma vorbeikommen.

G: Wat jibs denn?

A: Ach, ick wollt nur ma wissen, ob de villeicht Intresse hättest anner kaputten Waschmaschine.

G: Ner kaputten?!

A: So kaputt isse nun ooch wieda nich.

G: Wie kaputt isse denn?

A: Waschen kann man noch mit. Man sollte bloß vor Ort sein, bein Waschen.

G: Sollte man?

A: Wär bessa.

G: Weil sonst allet explodiert?

A: Explodieren tut da nüscht, gloobick. Man muss bloß imma weitaschalten, da is ürgendwie die Automatik im Arsch. Wenn da so dit Wassa einläuft, denn läuft dit da imma weita ein, wenn man nich weitaschaltet, zun Waschvorgang.

G: Ach.

A: Ja, und denn würde dit ooch imma weitawaschen, wenn man nich weitaschalten würde, zun Abpumpen.

G: So.

A: Ja, und bein Abpumpen ditselbe. Dit würde ooch imma weita abpumpen, wenn man nich weitaschalten würde zun ...

G: Frittieren.

A: Häh?! Wie kommst'n jetz uff Frittieren?

G: Habick jeraten. Kann wohl nich frittieren, dein Jerät?

A: Dit is ne Waschmaschine, Gott.

G: Ne ziemlich alte Waschmaschine, oda?

A: Wat heißt alt?

G: Alt heißt hier, dit dit dit Gegenteil von neu is. Je weniga neu, destso mehr alt, vastehste?! Dit is also noch eene, sagste, die noch nich frittieren kann.

A: Ick hab noch nie jehört, dit ne Waschmaschine frittieren kann.

G: Icke aba.

A: Da irrste dir gloobick, Gott.

G: Ick irre ma also.

A: Denke schon.

G: Meinste, ick bin zu alt, um noch mitzukriegen, wat grade modern is? Meinste, wenn ick dit Wort Telefon höre, denn denkicke, dit is wat zun Schießen? Meinste dit?!

A: Unsinn. Du hast da bloß wat durcheinanderjebracht. Villeicht meinste ja ein Waffeleisen.

G: Ein Waffeleisen?!

A: Ja, oda 'n Backofen.

G: Ein Backofen?!

A: Weeß ick doch nich. Jedenfalls jibtit meines Wissens nach keene eenzje Waschmaschine, die frittieren kann. Warum ooch?

G: Na, um Zeit zu sparen. Denn musste nich hinterher noch extra frittieren.

A: Aba warum solltick wohl, um Himmels Willen, meine Wäsche frittieren wollen?

G: Weils bessa schmeckt?

A: Du hast also keen Intresse an die Waschmaschine.

G: Biste beleidicht, wennick *Nee* sage?

A: Nee.

G: Und wat machste jetz mit dein Jerät? Stellste se in'n Wald, die Maschine?

A: Quatsch. Ick wird se behalten, wahscheinlich.

G: Warum?

A: Weil se mir ans Herz jewachsen is. Die war so lange bei mir. Durch dick und dünn sind wa jejangen. So ville hamma alebt, zusammen. Ma hattick Jeld, ma nich. Ma hatse jeschleudat, ma nich. Denn zum Beispiel kam der Jerichtsvollzieha oda die Wassarohre sind einjefroren. Tschernobyl, Viagra, Hartz IV, dit schweißt einen einfach zusammen, dit kettet einen aneinanda, ick meine, wenn du jetz eene jebraucht hättest ...

G: Ja, wenn.

A: Vastehste, aba so. Nee, ick möchte einfach nich, dit se nachher denn alleene ürgendwo rumsteht, in'n Regen.

G: Dit se denn weint, villeicht.

A: Ja, oda man weeßet ja nich. Man steckt ja nich drin.

G: Stümmt. Soweit seita noch nich.

A: Sind ja schließlich keene Schlangen.

G: Nee, Schlangen seita nich. Schlangen seita noch lange nich.

A: Ick werd denn ma wieda, Tschüss Gott.

G: Tschüss du, jehste wieda zu deine Maschine, ja?

A: Unta anderen Gott, unta anderen.

G: Grüß se ma von mir.

A: Machick Gott, dit werdick machen.

Zwiegespräche mit Gott | *heute: Im Park*

A: Na Gott.

G: Na.

A: Na. Warste ma in'n Friedrichshain?

G: Anne Frankfurta Allee, klah. Jabs die besten Broila, früa.

A: Ick mein den Park.

G: Den Park.

A: Den Park, jenau.

G: Den Volkspark meinste.

A: Den Volkspark Friedrichshain, richtich.

G: Da warick ooch schon, ja.

A: Und? Is dir da wat uffjefallen?

G: Alsick dort war?

A: Mmh.

G: Da is mir wat uffjefalln, allahdings.

A: Is dir wat uffjefalln, wa. Dit is doch traurich ürgendwie, oda?

G: Dit die Sträucha anfangen auszutreiben in'n Frühling, dit die Weidenkätzchen so puschlich sind und die ersten Bienen sich herauswagen aus ihren Stock, dit soll traurich sein? Du bist mir ja ein komischer Kauz, keen Wunda, ditte so'n Einzelgänga bist, dit keena mit dir spielen will.

A: Na, hör ma, Gott. Dit jibt jenuch Leute, die mit mir spielen wolln.

G: Ach, habick aba anderet jehört.

A: Von wem denn? Von Torsten? Von Torsten, wa?! Sollick dir ma wat sagen?

G: Sag.

A: Torsten, wa!

G: Wartte, ick hol bloß schnell mein Block und 'n Stift.

A: Brauchste nich, Gott. Dit jeht hier nich drum, sich jegenseitich 'n Ooge auszuhacken, ick will ooch nich, dit du den bestrafst, dit regeln wir schon unta uns. Aba ick muss mir ja wohl noch vateidigen dürfen.

G: Dürfste.

A: Torsten nämich, wa, der azählt imma so hinten rum, hintam Rücken azählt der imma Jeschichten, die janich ma stümmen und denn, denn issa so feige, dis, wenn man den denn ma zur Rede stellt, denn wa, denn warat imma janich jewesen, angeblich, denn waret plötzlich imma Micha oda Holga oda ooch ma Steffen, aba natürlich niemals Torsten, unta gar keinen Umständen Torsten.

G: Na, villeicht warns ja imma Micha oda Holga oda ooch ma Steffen?

A: Kann nich sein, Gott.

G: Weil?

A: Weil …, weil Micha und Holga und ooch Steffen, weil die dit nie tun würden, die ham dit janich nötich, nämlich. Micha, ja Gott, der hat ne eigene Fürma und Holga, der abeitet bei de Post und Steffen erstma, Steffen, Gott, der spielt soja inne Band, Hardrock.

G: Hardrock.

A: Ehrlichen, bodenständijen Hardrock, jenau.

G: Und Torsten?

A: Dit isset ja eben, dit meinick, Torsten wa, der Torsten, der …, ick meine, kanna natürlich nüscht für, dit Dispatcha, dit die nich mehr jebraucht werden, so dringend, uff'n Stellenmarkt. Aba, ick meine, er hätt sich schonma, also, ick meine, sind ja jetz schon 'n paar Jährchen ins Land jezogen seita Wende, er hätt' ja wenigstens ma 'n Kurs ma machen können. Intanet hier, oda Wehbdisein.

G: Du meinst seine Rache wegen seinen beruflichen Missafolg verlagerta ins private Milljöh?

A: Bingo, Gott.

G: Dafür reagierste aba astaunlich jelassen.

A: Habick jelernt, Gott, bei so'n Kurs.

G: Kurs, sieh an.

A: Ja, von'n Abeitsamt. Also, heißt ja jetz nich mehr Abeitsamt, Agentur für weiß der Fuchs heißtet jetz, aba da ham die, und ick meine, dit stümmt ja ooch, wenn man sich nich weitabildet, denn hat man ja absolut keene Chance heutzutaje, ick meine, die ham zun Beispiel ooch jesagt, dit die Konkurrenz, die schläft ja nich, man muss imma een Schritt voraus sein, vor die. Und ne Portjon Glück, die jehört natürlich ooch dazu, dit is klah.

G: Haste 'n Kurs jemacht.

A: Habick.

G: Und in'n Park warste.

A: Richtich. Da is mir nämich wat uffjefallen, und zwar, da liecht jakeena mehr nackich rum, in'n Park. Dit findick schon ürgendwie aschreckend. Dit is ja wie inne fuffzija Jahre, in'n Prinzip.

G: Riweiwel, wahscheinlich. Hamse alle jekiekt denn, wa?

A: Wieso?

G: Na, als de dir nackich ausjezogen hast.

A: Torsten?!

G: Schon ma wat von Quellenschutz jehört?

A: Als ob Torsten vom Aussterben bedroht wär. Dit is ja ne Frechheit, Gott, ne bodenlose Frechheit is dit!

G: Musste einklich früh raus morgen, zur Abeit, oda haste wieda Kurs?

A: Icke?! Ick jeh abeiten, ja. Und bevor de weita so doof Torsten zitierst, jawohl, ick abeite in'n Park und ja, ick krieg nur een Euro, aba ick finde, dit dit wichtich is, wat ick tue, und nötich ooch, klah is dit nich schön und klah wärick lieba Kosmonaut, aba ick tu wat, wenichstens, nich so wie Torsten.

G: Willste 'n Taschentuch?

A: Is bloß Allagie. Brennt, inne Oogen.

G: Hmm.

A: Du weeßt nich zufällich 'n juten Arzt, Gott?

G: Wegen krankschreiben?

A: Wegen die Oogen.

G: Dit würd schon wieda. Tschüss.

A: Tschüss Gott.

A: Na Gott.

G: Na.

A: Na. Komm' dir einklich ooch manchma so Ainnerungen von deine Kindheit?

G: Nee.

A: Nee?

G: Nee.

A: Also mir schon.

G: Ja.

A: Manchma soja welche, die kannick janich richtich einordnen.

G: Sag an.

A: Ja, also eenma, da warick uff so'n Schiff, und um mich rum, die Menschen, die kanntick janich, also jetze so, in den Traum, kanntick die nich, damals scheinba schon, also in den Traum, da warick jedenfalls nich vawundat üba die, da fandick dit janz normal eigentlich, dit die um mich rumstehn, da warn dit Bekannte oda Vawandte soja, die ick aba nich kannte, als Träumenda jetz.

G: Vawirrend.

A: Ebend. Dit sagick ja.

G: Haste janich jesagt.

A: Habick aba jemeint. Kann dit sein, sag ma, dit wir in Würklichkeit zwee Leben parallel leben?

G: Dit war 'n Traum.

A: Schon klah. Dit beantwortet aba nich meine Frage. Dit würde ooch villet aklären. Mit den Deja-wü zun Beispiel, Deja-wü, Gott, kannste mir folgen?

G: Jeh ma, jeh ma voran.

A: Deja-wü. Also ick hab dit total oft. Ditte wat machst und denn, denn denkste, dit habick doch schonma jemacht? Dit kennick doch allet? Und ick weeß ooch soja schon, wie dit jetze weitajeht.

Und denn jeht dit vor allen ooch so weita, dit is ja dit Allahschärfste übahaupt!

G: Hast villeicht zu ville Tische varrückt.

A: Kann natürlich sein, dit sind nur Träume, dit man dit schonma jeträumt hat, und denn, zufällich alebt man dit denn eben ooch, weil, ick meine, so ne Zufälle, die mussit einfach jeben, wenn wir 80.000 Träume in eene Nacht träumen, irgendwo, ick meine, wie ville Situationen kann dit in unsan Leben einklich jeben, Gott?

G: In deinen Leben meinste?

A: Alljemein in' Leben, so, wenn de so den Durchschnitt aus-rechnest, von einen normalen Menschen, der normal lange lebt. Wie ville vaschiedene Situationen hat der denn so?

G: Wo soll denn eene Situation uffhören und ne andre anfangen?

A: Na, zun Beispiel, ick kann dir ja ma 'n Beispiel jeben. Also, wenn de jetz zun Beispiel so deinen Chef triffst, zun Beispiel ...

G: Icke meinen Chef, dit is jut ja.

A: Is'n Beispiel, Gott. Also, von mir aus, triffst du, sagen wa, dei-nen Nachbarn, sachst so zu ihn: „Hallo" und so, dem fällt dit Portmonäh aus de Hand, du hebst dit uff und von hinten kommt ne Musik.

G: Von hinten kommt ne Musik?!

A: Jenau. Uff Schallwellen anjepürscht, von mir aus die Bietels oda die Schtons, und denn sacht der Nachbah: „Huch, ick gloob, meene Katoffeln brenn' an", und schlurft zurück in seine Buchte. Wumms, die Tür fällt ins Schloss, als plötzlich ..., jenau da, weeßte, dit meinick, da hört die eene Situation uff, und ne andere, ne komplett neue Situation fängt an, kann sozusagen beginnen.

G: Meinste die Situation, woick plötzlich jemerkt hab, dittick die janze Zeit mit 'n offenen Hosenstall rumloofe?

A: Ick mein' keene bestümmte Situation, Gott, ick hab mir dit bloß grade, als Beispiel so, ausjedacht.

G: Aba, dit war ja würklich so, dit jing ja noch weita ooch, da hat nämich die janze Zeit die Opansängerin schon uff halbe Treppe jestanden, weil die nämich, die is so neugierich, hattse ihren Spaß dran, na ejal, jedenfalls ...

A: Gott, ick wollt einklich nur wissen, wie ville Situationen dit jibt.

G: 26 Milljarden 398 Milljonen 765 Tausend 2 Hundatölf.

A: Ölf?

G: Komma 966 Perijode.

A: Perijode?

G: Unjefähr. Jedenfalls, die Opansängerin, wa, ick hab die ja jesehn, die ihre Füße, und die, die hat aba jedacht, sie is total jut vasteckt, ha, aba, habick ja sofort jesehn, die Latschen und so weiße Kniestrümpe, sowat hat bei uns in'n Haus einfach nur die ...

A: Gott?

G: Ja.

A: Nich ditte mich für unhöflich hältst, aba, kann dit sein, ditte mir jenau die gleiche Jeschichte schonma azählt hast?

G: Unmöglich, is ja erst vorjestan ...

A: Siehste!

G: Wat sehick?

A: Na, spricht doch allet für ein Paralleluniversum, oda?

G: Dit spricht allet dafür, dittu keene Manieren hast, Scholli, oda ditte mir nich zuhörn willst, weil dir dit villeicht janich intressieren tut, wat ick ...

A: Kennick schon, Gott. Tschüss Gott.

G: Der Fuß soll dir abfalln, vadammt!

A: Na, sacht man denn sowat?!

G: Tschüss meinick, tschüss.

Zwiegespräche mit Gott | *heute: Der Schlaf des Gerechten*

A: Na Gott.

G: Na.

A: Na, kannste ma kieken, Gott, ick gloob, ick hab hinten uff de Schulta, habick 'n Fleck.

G: Hinten uff de Schulta, sachste?

A: Ja. Links, oda von mir aus links, von dir aus rechts. Also, oda wartte ma, wennick ma umdrehe, denn, na, kiek ma, würste ja sehn, bisschen weita unten uff'n Rücken müssta sein.

G: Ick seh nüscht.

A: Haste ooch richtich jekiekt?

G: Da is nüscht.

A: Komisch. Ick hätt schwörn könn', dit mir da 'n Vogel hinjekackt hat.

G: Da is aba nüscht.

A: Ein Glück, die is nämich neu, die Jacke.

G: Hmm.

A: Die is von Adidas, Gott.

G: Hmm.

A: War nich janz billich, dit kannick dir sagen, aba, heutzutage kannste ja, da musste ja achten druff, watte koofst, sonst, dit jeht ja allet kaputt, jetze, wenn de hier bei Lidl oda so, dir 'n paar Schiea koofst oda Socken, da haste denn glei an'n nächsten Tach schon 'n Loch drin.

G: 'n Loch inne Schiea?

A: Inne Socken natürlich, inne Schiea nich, dit wär ja ooch noch schöna, stell dir ma vor, Gott, glei an'n nächsten Tach schon Löcha inne Schiea, dit wär ja lustig.

G: Schöne Vorstellung, ja.

A: Nee, man muss schon 'n bisschen uff Qualität achten, Geiz, jut und schön, klah würdick ooch lieba sparen, ick hab ja 'n Spahbuch, Gott.

G: Haste 'n Spahbuch. Für späta wahscheinlich, oda? Für wenn de ma Rentna bist und dir ma wat Besonderet leisten willst, 'n schönen Kapputschino oda 'n schönet Stück Kuchen. Oda ne Reise, nach wohin's schön is. Nach'n Süden.

A: Italjen, oh ja, dit wär schön, bella Italja.

G: Oda Spanjen, olee, olee Espanja!

A: Griechenland.

G: Brasiljen, ooch.

A: Sind aba erst fuffzich Euro druff, uff den Spahbuch.

G: Uj?!

A: Ja, oda nee, 52 Euro und 36 Zent, dit sind ürgendwie die Zinsen von den fuffzich Euro, also die zwee Euro hastenichjesehn, die sind die Zinsen.

G: Läppat sich doch aba.

A: Hmm, naja, wie lange werdick dit jetz druff haben? Also anjelegt is dit Spahbuch ja noch von meine Mutta worden, für mich. Dit hat noch so Frakturbuchstaben vorne druff. Wie lange würd dit her sein?

G: So lange wie se nich inne Waffen-SS war?

A: Bei dir piepts wohl, Gott! Meine Mutta is ne Frau!

G: Ach?

A: Ja. Und Frauen jabs nich bei de Waffen-SS!

G: Noch ma ach. Glück jehabt, oda?

A: Außadem is meine Mutta 1940 jeborn, Gott, die wah fünf, als der Krieg zuende jegangen is!

G: Doppelt Glück.

A: Wo warst du einklich in der Zeit, Gott, dit würd mir ja ooch ma intressiern?

G: Angriff, die beste Vateidigung.

A: Sach ma, nich ausweichen.

G: Links antäuschen, rechts vorbeirennen, meinste?

A: Raus mitte Sprache!

G: Icke? Wo ick war?

A: Du. Jenau.

G: Na, wo werdick wohl jewesen sein? 'n Nickachen habick jemacht, 'n schönet Nickachen.

A: Du hast wat?!

G: 'n Nickachen. Ick hab 'n Nickachen jemacht. Na, meinste sonst wär hier sowat passiert? Meinste, ick hätt' dit zujelassen?!

A: Einije sagen, dit dit ne Strafe war, für, dit wir soviel, wat weeß ick, Sünden, oda wie dit heißt ...

G: Pappalapapp. Ick bin einfach nur 'n bisschen wegjeratzt, einjeknackt, ick konnt doch nich ahnen, dit ihr glei, wenn man ma kurz nich hinkiekt, dit ihr denn glei so, voll an'n Rad dreht, dit ihr ..., also, dit kannick dir sagen, dit war jedenfalls ein böset Erwachen für mich. Dit kannick dir sagen, soviel kannick dir sagen.

A: Haste bein Ersten Weltkrieg eigentlich denn ooch jepennt, Gott, oda als die Armenjer von die Türken massakriert worden sind oda bei Dschingis Khan ...?

G: Du willst doch jetz nich etwa relativieren, Sportsfreund?!

A: Ick willet bloß wissen.

G: Pass du ma liebas uff, ditte nich nur an materjelle Werte und so, Adidas, hastenichjesehn, dit jeht schnella als man denkt, denn isset wieda soweit.

A: Dis de müde würst?

G: Achtet 'n bisschen uff euch, mein Ratschlag.

A: Meinste, is nich so jute Qualität, die Jacke hier?

G: Wat innendrinne is, is wichtija.

A: Is nur ne Regenjacke, Gott, die hat keen Futta.

G: Hmm. Und für Kalaua jibs eigentlich imma ne Backfeife.

A: Da is würkich keen Fleck?!

G: Noch nich.

A: Tschüss Gott.

G: Tschüss du.

A: Na Gott.

G: Na.

A: Na, ick hab Bohnen anjepflanzt, bei mir.

G: Bohnen?

A: Ja, wachsen wie varrückt, die Biesta.

G: Is ja interessant.

A: Ja. Ick hab für die so'n Jerüst jebaut.

G: Schick.

A: Aus Strüppen.

G: 'n Jerüst aus Strüppen.

A: Mmh. Da ranken die sich imma hoch dran. Dit sind nämich so ne Rankebohnen. Wenn die nich ranken, die Bohnen, denn würden die vakümman. Denn würde da der Stiel bei denen imma dünna und dünna werden und ürgendwann is denn Ende im Jelände, denn is Schluss mit us, denn is aus die Maus.

G: Aba sonst jehts dir jut, wa?

A: Prima. Ick freu ma uff allet, wat jetz noch kommt.

G: Wat jetz noch kommt?

A: Naja, ick hatte ma ja vorjenommen, dit ick die 25-Jahresmarke schaffe.

G: Die 25-Jahresmarke?

A: Na, so alt, so alt wolltick werden. Bis dahin wolltick durchhalten.

G: 25 Jahre, is aba schon 'n Weilchen her, oda?

A: Ebend. Seitdem jehts ma richtich jut, also, so tendenziell. Manchma natürlich, dit liecht denn aba anne Umstände, fällt da 'n Brot uff'n Kopp oda dit se dich awischen, wie de bei Rot durch'n Park loofst, so ne Tage jibs ja. Aba tendenziell, ick hab mein Pensum jeschafft.

G: Und wie kamste uff 25 Jahre?

A: Is ne runde Zahl. Ein Ziel brauch der Mensch. Bei mir warns eben 25.

G: Ein Vierteljahrhundat.

A: Hätte man jetz ooch nehmen können, bei mir warns eben 25. Is'n juta Tipp übrijens ooch für alle andan, für alle, die ooch Probleme ham.

G: Hatteste Probleme?

A: Und ob! Wat meinste, Gott, ick bin ja 'n Scheidungskind.

G: Kiek an.

A: Ja, ick musste schon sehr früh Vaantwortung übanehmen. Einkoofen musstick jehn, Abwasch musstick machen. An'n Wochenende frühs 'n Tüsch decken. Sowat.

G: Ui, hört sich allahdings nach ne schweren Kindheit an.

A: Wartte ma, Gott, dit is ja noch längst nich allet. Dazu kam ja noch der Osten, wir durften ja nich in'n Westen.

G: Tragisch.

A: Denn hattick, zu allen Übafluss, noch Heuschnupfen und keen' großen Bruda, der mir helfen konnte, wenn se mich vadreschen wollten.

G: Oft vadroschen worden?

A: Bissick 25 war, binnick eigentlich nie vadroschen worden, aba wennit passiert wär, nich auszudenken. Ick hatte ja keenen großen Bruda, dafür so'n ekligen Lebafleck an'n Bauch und mein Lieblingsfußballvaein war bei de Stasi!

G: Der janze Vaein?

A: Der janze Vaein.

G: Und dit wurde denn bessa, als de 25 warst?

A: Jabs zumindest die Stasi nich mehr. Haare an'n Sack hattick denn ooch schon 'n paar, und ansonsten, ick meine, ick hattet jeschafft, wa. Allet andere war Zugabe, dritte Halbzeit. Dit war plötzlich so leicht allet. Ick konnte den Politikan die Zunge rausstrecken, ick konnte popeln inne Straßenbahn, musste nich mehr „Danke" sagen, wenn jemand „Bitte" jesacht hatte, ick war frei, weeßte, da war keen Druck mehr, nüscht wat man afüllen musste, keene Pflicht oda sonstewat, vastehste dit, Gott?!

G: Hättste dit Pensum ja ooch bei 15 ansetzen können, eigentlich.

A: Warum?

G: Na, hättste 10 Jahre eha dich schon frei jefühlt.

A: Ick gloobe dit Jespräch führt inne Sackgasse, Gott. Findste nich ooch, dit mehr für Bildung und Kultur ausjejeben werden müsste und wenija für Rüstung?

G: Wennick jetz *Ja* sagen würde, wärick denn nich ziemlich Mainstream?

A: Aba Bohnen isste?

G: Ick kuck se mir zumindest jerne an.

A: Prima. Denn weeßick ooch schon, mit wattick dir ne Übaraschung machen werde. Tschüss Gott.

G: Binnick aba jespannt. Werdick solange wahscheinlich meine Finganägel abkaun.

A: 'n Tipp kannick dir ja jeben, Gott.

G: Lass ma, lass ma. Tschüss du. Weeßt doch, wennick wollte wie ick könnte ..., is aba ooch ma janz schön im Unjewissen zu bleiben.

A: Is janz schön, wa?

G: Ja.

A: Denn is man so'n bisschen uffjeregt. Dit kribbelt denn so, wa?

G: Ja.

A: Manchma juckt dit ooch und wenn man denn kratzt, denn ...

G: Du wolltest jehn!

A: Ja.

Zwiegespräche mit Gott | *heute: Bei Gott auf der Couch*

A: Na Gott.

G: Na.

A: Na. Fernsehn jekieckt?

G: Nee. Wieso?

A: Hast ürgendwie so rote Oogen.

G: Dit kommt nich von Fernsehn.

A: Von wat denn sonst, haste jeheult?

G: Und wenn, wat dajegen? Du heulst wohl nie, wa?

A: Schon. Manchma. Jestan zun Beispiel, da habick so ne Reportage jesehn, üba Männa, die ihre kranken Frauen betreuen. Da war so eene Frau, die lag so in'n Wachkoma da, schon urst lange, und der Typ von ihr, der hatte Zucka, voll dick war der, und außadem herzkrank, vier Bypässe hatte der und der wollte trotzdem nich, dis die ins Heim, der hat die da imma jepflegt, zuhause, und hat so imma jesagt, sie solle doch ma die Augen aufmachen jetz, und da sind mir die Tränen jekommen, aba nich so ville, villeicht drei oda vier Tränen sind mir da jekommen, mehr nich, mit so richtich heulen habick Probleme.

G: Probleme? Ick hör zu.

A: Na, ick hab ma ürgendwann ebend ma jesagt, dittit nich so jut is, wenn man imma heult, so als Junge, weil dit einfach scheiße aussieht und denn habick da, ab da, nich mehr jeheult.

G: Stattdessen?

A: Nüscht stattdessen. Habick eben nich mehr jeheult.

G: Vastehe.

A: Ja. Aba späta denn, unjefähr nach de Wende ...

G: Biste aus de SED ausjetreten.

A: Ick war nie inne SED.

G: Vastehe.

A: Nee. Also, dit hatte ooch nüscht jetz direkt mitte Wende zu

tun, bloß, ick hab schließlich jemerkt, dittit schlicht und einfach
doch nich jut is, wenn man nie heulen tut.

G: Weil?

A: Weil, na weil sich da denn wat aufstaut. Ick kann dit medizi-
nisch nich aklären, aba da sind Emotionen.

G: Jefühle, kennick.

A: Jenau, und jedenfalls wolltick denn doch ma wieda heulen.
Aba, dit jing dann nich mehr, plötzlich.

G: Ma mit Zwiebelschneiden probiert?

A: Is doch nich ditselbe, Gott. Nee, dit wär ooch kontraproduktiv,
gloobick. Wenn man heulen will, muss dit schon von alleene
kommen. Aba, jedenfalls, imma wennick kurz davor stand, vor'n
Heulen, wenn der Rand schon so fast an'n Übaloofen war, denn
habick ma da so druff jefreut, uff's Heulen, dissick denn da janich
mehr richtich in Stimmung war, für Heulen. Vastehste dit, Gott?

G: Vasteh ick. Und denn haste also ne Therapie jemacht.

A: Wat denn für ne Therapie?

G: Heultherapie? Keene Ahnung, jibt doch bestümmt ne Therapie
dafür. Ihr habt doch für allet ne Therapie, ihr Menschen.

A: Ick hab keene Heultherapie jemacht.

G: Sondan?

A: Na, ick bin eben am Üben. Am besten klappt dit bein Fernse-
hen. Mussick aba alleene sein für. Denn wat schön Traurigit, wat
so nah anne Realität dran is wie möglich, und denn lassick ma
da richtich fallen.

G: Vonne Couch, oda wat?

A: Haha.

G: Jut. Weita.

A: Lassick ma denn so eben fallen ...

G: Mmh.

A: ... und denn, na wie jesagt, drei bis vier Tränen schaffick ja
schon. Aba, Moment ma, Gott, du wolltest ma eigentlich azählen,
warum du jeheult hast.

G: Wolltick dit?

A: Ick gloobe schon.

G: Ick nich.

A: Komm Gott. Dit is aba echt unfair jetze. Ick schütt' dir hier mein janzet Herz aus, azähl hier allet tief aus'n Innasten vonne Seele, offenbar mir dir bis uff's Hemde, und du ...

G: Icke?

A: Du ...

G: Wat denn?!

A: Na, du würdest dit nämich umjedreht ooch nich grade jut finden, wenn du an meine Stelle wärst und ick jetz an deine Stelle und denn würdest du hier emotjonal so abjebügelt werden von mir, dit würdest du garantiert nich jut finden, garantiert Gott, dazu kennick da jetz schon zu jenau, dit würdest du dit nich jut finden.

G: Weeßte wat?!

A: Wat denn?

G: Heul doch.

A: Na Gott.

G: Na.

A: Na. Du, von meine Tante, von der ihren Mann, den sein Sohn ...

G: Dein Cousin meinste?

A: Jenau, der jedenfalls, der hat sich sein' Fuß jebrochen, Gott.

G: Schlümm?

A: Na klah is dit schlümm. Wat denkst du denn?! Meinste, der bricht sich freiwillich seinen Fuß? Villeicht weila dit Knacken so jerne hört?!

G: Ick meine, obit 'n schlümma Bruch is. Dit jibt ja ooch Brüche, da muss man nich unbedingt gipsen, da reichtit, wenn man dit mit 'n Vaband, so, fest vabindet.

A: Woher weeßt'n dit, Gott?

G: Na, rate ma.

A: Warste ma Arzt?

G: Nee.

A: Warste ma Krankenschwesta?

G: Nee.

A: Bruda?

G: Nee.

A: Warste ma, äh, Fliesenleja?

G: Wat hatten 'n Fliesenleja mit Brüche zu tun?

A: Hatta villeicht ma die Schnauze voll jehabt, der Fliesenleja, weila imma beschissen wurde, von seinen Chef, und denn, weila imma so wenich Jeld jekricht hat, der Fliesenleja, Achtung Gott, jetz kommts, denn hatter eben einfach ma 'n Bruch jemacht, der Fliesenleja. Vastehste, 'n Bruch.

G: 'n Bruch.

A: Ja.

G: Ach so meinste dit. So!

A: Jenau. Lach doch ma, Gott.

G: Späta. Wobei hatter sich denn den jebrochen, den Fuß?

A: Is ihn so'n Scheiß-Auto, is ihn da ruffjefahren.

G: Aua!

A: Aba hallo, aua. Ick hab ma ja übrigens noch nie wat jebrochen, Gott.

G: Glück jehabt.

A: Nee, nee, ick gloob, ick bin einfach vorsichtija als andere. Weeßte, wenn ick jetzt zun Beispiel üba de Straße muss, wa, denn schreiick nich glei: „Juchhu, da isse ja, die Straße" und spring da glei ruff uff die, sondan, ick pürsch ma da so vorsichtich erstma ran, kiek erstma ob keena kiekt, und denn, denn kiekick ma erstma um, nach rechts und nach links, und denn erst, denn jehick in einen zügigen Tempo, wenn die Straße frei is, jehick denn dadrüba, zügich, üba die, nich mit rennen, ooch nich umkieken, wenn mich da uffde Straße zun Beispiel jemand anquatschen würde, wa, so: „Hallo, bist du nich der Kerner, aus der Johannes B. Kerner-Show", da würdick da janich antworten, vastehste, dit intressiert mich da janich, wat da jemand spricht. Der kann ma uff'n Fußweg, da kann der mich dit fragen, jedazeit, aba doch nich mitten uffde Straße! Dit is doch jefährlich!

G: Hatta nich jekiekt, dein Cousin?

A: Nee! Oda, weeßick nich. Villeicht hatta ooch jekiekt. Aba denn, uffde Straße, da is ihn wahscheinlich denn sein Appel runtajefallen, oda sein Portmonäh, wahscheinlich eha sein Portmonäh, und denn hatter sich denn so jebückt und wollt dit uffheben, aba dit hat da festjeklebt, anne Straße dran.

G: Festjeklebt?

A: Ja. Anne Fahrbahn vonne Straße. Kaujummi wahscheinlich.

G: Dit kricht man doch ab vonne Straße, so'n Kaujummi.

A: Nich den! Dit jibt so ne neuen Kaujummis, Gott. Aus Amerika. Vonne Weltraumforschung so'n Abprodukt. Mit denen kleben die da oben imma Teile ran, an die Space-Shuttles, wenn die inne

Nähe von die Sonne vorbeifliegen, zun Beispiel. Dit se nich va-
brennen, da brauchen die ne vastärkte Panzerung natürlich, aba
du gloobst ja sowieso nich dran, wa, an die Sonne.

G: Warum sollick'n nich an die Sonne glooben?

A: Ick dachte, wejen deine Religjon.

G: Pass ma uff, Schätzchen, ick hab keene Religjon. Ick bin Gott!

A: Ach stümmt, dit war ja ooch nich mit die Sonne, dit war ja mit
der Erde.

G: Wat war mit der Erde?!

A: Nüscht.

G: Sach ma!

A: Jibt ooch wieda Wespen, Gott. Aba, da binnick ooch vorsichtich.
Ick kiek da imma vorher rin, in allet, wennick wat trinke, oda
ooch ins Klo, bevor ick ma da ruffsetze, kiekick imma erst schön
rin, dit nich zufällich ne Wespe drin is.

G: Du hast doch ne Scheibe, Alta!

A: Jenau, die Erde ne Scheibe und die Sonne dreht sich epileptisch
um die Scheibe rum, so wart, wa Gott?

G: Und im Mond wohnt 'n Mann, und die Löcha sind dit Schwere
von'n Käse, hamse den denn nu jekricht, den Autofahra?

A: Keene Ahnung. Dit is ja schon lange her, jetz. Dit is mir bloß
einjefallen, vorhin, mit den sein Fuß, weil der hat gloobick Jeburtstach jehabt, jestan.

G: Na, ruf'n doch ma an, nachträglich. Freuta sich bestümmt.

A: Ja. Ma sehn.

G: Musste keene Angst vor haben, kann nüscht passiern.

A: Ick weeß aba seinen Namen nich mehr, Gott. Villeicht issa
ooch schon tot. Villeicht issa längst tot.

G: Willste 'n Kaujummi, der hier klebt ooch nich so doll?

A: Ick bin jetz traurich, Gott. Tschüss Gott.

G: Tschüss, aba lass da nich untakriegen, hörste? Ja? Imma schön
schwimmen, denn bleibt man ooch oben. Imma schön schwimmen.

A: Jaja.

A: Na Gott.

G: Na.

A: Na, meine Allagie is wieda da.

G: Hatt se wat vajessen?

A: Is nich witzich, Gott.

G: Krichste Pickel?

A: Nee. Ick muss imma niesen. Und dit juckt so, in'n Hals und manchma looft dit ooch, aus de Nase, wie Wassa.

G: Wassa looft nich, Wassa fließt.

A: Danke für den Hinweis, Professor Gott. Schön, ditte so mit-fühlend bist.

G: Tu ma nich so, als ob de glei stürbst. Wat meinste, mit wat die Leute früa klakommen mussten, da jabs die Pest, die schwarze, Tüfus undsoweita, Cholera, Pocken, Krebs.

A: Krebs jibs heute ooch, Gott. Wat heißt ooch, Krebs jabs früa janich.

G: Türlich jabs früa Krebs.

A: Aba nich so häufich.

G: Aba wohl so häufich.

A: Sollick ma inne Krebs-Statistik nachkieken, Gott, in'n Intanet?

G: Pah, Intanet, is ja logisch, dit in'n Intanet mehr Krebs drinsteht, dit is doch allet manipuliert, in'n Intanet. In'n Intanet, da jibs ooch Fülme, wo zu sehen is, wie bein ölften Septemba, wie da die Flugzeuge rinkrachen, von innen uffjenommen.

A: Ick sprech ja ooch nich von Fülme.

G: Aba ick. Dit kannste allet manipulieren, in'n Intanet. Da würdick schon ma janüscht druff jeben, wat in'n Intanet steht.

A: Aba wat in'n Buch steht, dit kannste nich manipulieren, oda wat, dit jeht ja soja noch viel leichta, Gott. Sollick dir dit ma zeigen?

G: Dit ...

A: Hier, zun Beispiel. Hier is'n Buch. Und, wat machick jetze?

G: Ej, kannste ma mein Buch liegen lassen!?

A: Wat machick jetze?!

G: Ej, hörste ma uff jefällichst, mit deinen Kugelschreiba da wat rinzukritzeln?!

A: Siehste, du sagst rinkritzeln dazu, ick nennit manipulieren. Ick manipulier da einfach wat rin, in dein schönet, sauberet Buch. So, uffjepasst, schon isset manipuliert. Punkt, aus, fertich!

G: Ej, weeßte, wattick jetz normalaweise machen würde, mit dir?!

A: Wat'n? Willste ma in'n Stein vawandeln, willste, dittick ausseh wie Guido Westawelle, oda willste dittick so'n Buckel kriege, so'n Glöcknabuckel?

G: Ick würd da am liebsten rausschmeißen, Scholli, dit is'n jutet Buch jewesen, watte hier volljeschmiert hast, dit macht man einfach nich!

A: „Dit macht man einfach nich, dit macht man einfach nich!", Mann, als Wissenschaftla, da kann man keene Rücksicht druff nehmen, uff die grade herrschende Meinung. Da muss man einfach weitatun, sonst jibs ooch keen Fortschritt. Wenn alle imma Rücksicht jenommen hätten, alle, vastehste, denn würden wa heute imma noch in Steinstiefeln rumrennen!

G: Sicha, denn hätteta imma noch keene Atomraketen, keen Crack und keen Kunstrasen, denn müssteta imma noch in'n Garten Eden rumsitzen und von die leckeren Früchte der Natur naschen.

A: Ick sag dir, Gott, dit wat zwischen Adam und Eva passiert is, dit war in'n Prinzip ooch schon Forschageist, dit war der Beginn der Wissenschaft.

G: Ach, denn sind die Karnickel wohl ooch alle Forscha?

A: Haste schon ma Karnickel jesehn, die't von vorne treiben?

G: Ick sag dir jedenfalls, dittit schon imma Krebs jab, bloß, dit ihr dit da noch nich Krebs jenannt habt.

A: Sondan?

G: Ihr habt dit janich jenannt.

A: Janich, die jefährliche Krankheit Janich! Huhuhu!

G: Da sind die Leute eben einfach jestorben, ohne dit da 'n Arzt für ne Begründung jefunden hätte.

A: Und dit findste jut, ja?!

G: Dit hat nüscht mit jut oda schlecht zu tun, dit ...

A: Na, und ob dit wohl ma wat mit jut oda schlecht zu tun hat, meinste, ick will ewich mit so ne Schniefnase rumrennen, meinste, ick will immazu uff de Straße nur brüllen: „Aus'n Weg, hier fliecht glei die Rotze durch de Jegend!" Da habick keenen Bock druff, Gott, und wennit denn eben sein muss, dittick als lästige Nebenprodukte der Wissenschaft, Crack, Atomraketen und Taschentelefone in Kauf nehmen muss, naja, denn nehmick die eben in Kauf. So isset!

G: Brauch allet seine Zeit.

A: Meinste bisse 'n Medikament dajegen jefunden haben?

G: Die Erkenntnis, die braucht Zeit.

A: Vamutlich, und ick brauch Taschentücha.

G: Willste eens?

A: Eens?! Machst du Witze? Ick hoffe der Taschentüchaladen hat noch uff, tschüss Gott.

G: Vasuchs ma mit Salzwassa.

A: Wat?!

G: Ick meine tschüss, tschüss du.

A: Na Gott.

G: Na.

A: Na.

G: Na.

A: Bist ja nich grad jesprächich, heute.

G: Mmh.

A: Wat is denn?

G: Nüscht.

A: Wie, nüscht?

G: Nix.

A: Sach doch ma, haste Kumma?

G: Nö.

A: Jehts dir jut?

G: Nö.

A: Denn jehts dir doch aba schlecht.

G: Nö.

A: Scheiße, Gott, wat is denn, brauchste Jeld?

G: Nö.

A: Sollick dich villeicht in Ruhe lassen, issit dit, watte willst?

G: Mmh.

A: Na denn, denn lassick dir ma in Ruhe.

G: Jo.

A: Machs gut, Gott. Bis demnächst.

G: Mmh.

A: Na Gott.

G: Na.

A: Na, sag ma haste jesehn, draußen, anne Ecke bei euch, vor'n Tip-Markt, da steht doch so'n Fahrrad.

G: Ja, da steht öfta ma 'n Fahrrad.

A: Ick mein dieset blaue.

G: So, dit blaue meinste.

A: Ja, weeßte welchet?

G: Na, dit blaue, dit mit den Dach drüba.

A: Quatsch, wat du meinst is'n Motorrad, ick mein dit Fahrrad, dit wat nich abjeschlossen is, dit mit den Platten vorne.

G: Ach, dit meinste!

A: Jenau dit.

G: Mussick da leida enttäuschen, aba dit steht nich mehr da. Dit hamse letzten Somma zalegt, so ne Jugendbande, absolute Vollidjoten. Manchma fragick mich würklich, wo die Eltern, wat die so machen, imma. Bestümmt allet Atheisten, keene Werte mehr und so.

A: Du Gott.

G: Ja?

A: Dit Fahrrad, dit steht da noch. Dit habick grade jesehn, alsick hier, uff meinen Weg zu dir, da vorbeijekommen bin.

G: Sieh an. Ein Wunda.

A: Von mir aus, ick wollt ja eigentlich nur fragen, ob du zufällig weeßt, von wem dit sein könnte, aba dit kannick mir ja nun wohl sparen.

G: Frag ruhich mein Sohn, mach, leg los, fragen kost nüscht. Obwohl, ick bin grade etwas klamm bei Kasse.

A: Dit grade is bei dir aba ooch imma reichlich relativ, oda?

G: Wie kommste jetz uff relativ?

A: Na, wann isset denn ma andas?

G: Kannick dir sagen, also, dit jab Jahrhunderte, oda noch davor soja, da ...

A: Ja, ick weeß.

G: Wat weeßte?!

A: Naja, jetz kommt wahscheinlich eene von deinen Jeschichten, wahscheinlich haste den Sauriern ständich eenen ausjejeben, oda noch vor der Erde, da ...

G: Du gloobst mir nich, wa?

A: Ich möchte es mal anders formulieren. Sie sind durchaus interessant, deine Geschichten.

G: Na siehste. Und ick dachte schon, du zweifelst. Jibt so ville heutzutage, die zweifeln. Die sitzen zuhause, zweifel, zweifel, und um sie herum, draußen, jeht allet den Bach runter. Schlümm is dit.

A: Ja, ick dachte mir aba, ick nehm da dit Fahrrad einfach mit, für meine Freundin, weeßte.

G: Dit blaue.

A: Jenau, weil die fährt doch so jerne Fahrrad. Dit macht der total viel Spaß, die freut sich bestümmt 'n Loch ins Knie, wennick der dit Fahrrad mitbringe.

G: Wenn die so jerne Fahrrad fährt, kannick mir vorstellen.

A: Ja. Und ick hab doch noch wat jutzumachen.

G: Jib mir 'n Hunni und dit is vajessen.

A: Nich bei dir, Gott, bei meine Freundin. Ick war doch Sonnabend bei die Meistafeia.

G: Na, herzlichen Glückwunsch! Und, in wat haste den jemacht?

A: Mann, Fußball, Gott. BFC is Meista jeworden.

G: Vastehe.

A: Ja, und da isset denn ebend späta jeworden.

G: Normal. Dit würd schon seit Milljarden von Jahren, würd dit schon späta.

A: Mann, dit is jetz ernst. Ick hatte nämich jesagt, dissick sie anrufe, wennick zurück bin. Und denn war dit da aba so schön da und dit jab so viel Bier da.

G: Hört sich jut an.

A: Ja, jut und denn war mir aba janich mehr so jut, plötzlich. Und danach binnick einfach einjeschlafen, ürgendwo.

G: Teufel.

A: Du sagstit. War sie natürlich sauer, vaständlicherweise.

G: Klingt vatrackt. Hmm, also, wenn de mir 'n bisschen Kohle rübaschieben würdest, könntick da wat machen, eventuell.

A: Lass ma Gott, dit is einzich und allein mein Ding. Ick will keen Wunda, ick will dit ürgendwie selba schaffen.

G: Dit hat der Adolf Hitler damals auch jesagt.

A: Was!? Du hast ...

G: Bleib ruhich, war 'n Scherz, der war da sowieso längst pleite.

A: Mann, Gott ej, ick weeß manchma echt nich, woran ick bin, bei dir.

G: Das liegt in der Natur der Sache. Manchma ahnt ihr etwas, aber er reicht nich aus, der göttliche Funke in euch, er reicht nich aus, letztlich wirklich zu verstehen.

A: Jaja.

G: Geh nun und nimm dir in meinem Namen das Motorrad.

A: Fahrrad, Gott.

G: Unterbrich mich nich ..., das Fahrrad, das blaue. Wem auch imma es gehören möge, der solle von nun an benutzen die BVG. Der brauche auch nichts zu bezahlen und auch alle anderen brauchen nichts mehr zu bezahlen und zwar nicht nur bei der BVG, nein, überall, nirgendwo muss mehr was bezahlt werden, so komme es, weil ich, Gott, es so will.

A: Supa Gott. Hier, 'n Zehna. Reicht der erstma?

G: Wär doch nich nötich jewesen.

A: Ick weeß. War ooch nur, weil meen Portmonee, dit is so dick, dit drückt imma so ekelhaft beim Loofen. Tschüss Gott.

G: Tschüss du. Und falls de ma wieda Sorgen hast, ick helf gerne. Würklich.

A: Na Gott.

G: Na.

A: Na, ick hab aus Vasehn bei die unta dir jeklingelt.

G: Bei die Satanisten?

A: Nee. Bei die andan. Die daneben.

G: Ach, die neu einjezogen sind.

A: Sind die neu einjezogen, ja?

G: Letzte Woche.

A: Und? Janz okee, oda?

G: Na, Familje eben. Vata jeht abeiten. Mutta zun Frisör und die Kinda tun so, als wenn se ihrn Vormittach inne Schule vabringen würden.

A: Machen se janich?

G: Och, villeicht jehn se schon hin. Aba mitten Herzen dabei sind se nich. Nich würklich.

A: Kennst se ja schon janz schön jut, für eene Woche.

G: Ick bin Gott.

A: Ick fand se jedenfalls janz nett. Hab ma natürlich glei entschuldicht, alsick mein' Voopah bemerkt hab.

G: Wat haste bemerkt?

A: Meinen Voopah, dit heißt so, Gott. Dit is französisch, man spricht dit Voopah, aba schreiben tut man dit … andas, schreiben tut man dit mehr so französisch, Voopah, Fehler heißt dit, gloob-ick, uff französisch.

G: Kriegick Hunga, wo dit sachst.

A: Is ja lustich, weil, die hat ma ooch glei 'n Keks anjeboten. Die Frau, die Mutta, von die Familje, die neu einjezogen is, hier, bei dir, unten.

G: Ja, ick weeß schon. Wolln wa nich wat essen jehn?

A: Wat essen… jehn?!

G: Ja. Ick hab so'n Hunga.

A: Ick hör wohl nich richtich?! Is ja janz wat neuet, dit du wat essen jehn willst?! Sonst hasste dit doch imma, dit janze Volk hier, wat so langflaniert und Zuschi und Pasta vakostet.

G: Wat vakostet?

A: Zuschi, is japanisch, heißt Fisch und Pasta heißt Nudeln gloobick, uff italjenisch. Könnten wa ja ma ausprobiern, Gott, wat meinste!? Könnten wa entweda jehn inne Kastanienallee oda wir jehn inne Schönhausa oda inne Pappelallee oda inne Brunnen-straße, oda wir jehn ...

G: Ick hab Hunga, übrigens.

A: Hmm, na, dit will schon übalegt sein. Wartte ma. Stehste denn mehr so uff mediterran, uff Melansch, Oldskuhl oda uff Fjuschen?

G: Wat is'n davon mit Katoffeln und Soße?

A: Mit Katoffeln und Soße, meinste?

G: Könn' ooch Bratkatoffeln sein, da binnick total offen für.

A: Biste offen wa, biste janich ma so konservativ, Bratkatoffeln, imma ma wat Neuet, wa?

G: Vor allen habick Hunga.

A: Denn müsstick ma übalegen, wat wa da machen. Is janich ma so einfach. Schildkröte hat zujemacht, Koch's ooch, hmm, Schustajunge inne Danziga oda Altberliner Kaffeestuben am Akonaplatz.

G: Ick hab jesacht, ick hab Hunga, Sportsfreund. Ick will nich die Stadt kennenlernen, ick will wat essen.

A: Haste 'n Magenjeschwür?

G: Wieso?

A: Weil de glei so unjehalten würst. So aggressiv.

G: Ick hab Hunga.

A: Also, ick hatte ja schon Magenjeschwüre. Dit akennste daran, dittit imma weha tut, je leera der Magen is. Mann, da binnick ooch schnell wütend jeworden, kannick dir sagen. Eenma warn wa in Griechenland, die ham ooch ne janz jute Küche übrijens, Zaziki, haste schon ma jejessen, Zaziki?

G: Nee.

A: Hamma schon ma so ne Idee jehabt, ma in'n Döna zu jehn, Döna kennste aba, Gott?

G: Kennick.

A: Kennste ooch Güros? Is so wat ähnlichet wie Döna, einklich ditselbe, so Fleisch an'n Spieß, wo der Spieß sich so dreht ... Kennste dit?

G: Hastit ja grade aklärt.

A: Na, jedenfalls hamma uns jesacht, wär doch lustich, wenn wa ma so in'n Döna jehn würden und denn so zu den Meista da sagen würden: „Wir hätten jerne einen Güros, aba Zaziki!" Vastehste, wegen Döna is doch türkisch und Güros und Zaziki sind ja griechisch und die können sich doch nich ab, die Griechen und die Türken, dit is jenauso in'n Prinzip, wie wenn de zun richtijen Chinesen rinkommst und ne Chinapfanne bestellst, weil keen Chinese würde jemals ne Chinapfanne brutzeln, dit sind allet Vietnamesen oda ...

G: Biste bald fertich.

A: Ach, kannick dir ja uff'n Weg azähln, noch.

G: Gloobick nich. Ick komm nämich nich mit. Dit is ma zu kompliziert jetze. Ick mach ma lieba ne Stulle, uff die Schnelle.

A: Machst da ne Stulle, wa?

G: Ja, ick hab Hunga.

A: Denn ..., na denn vaschieben wa dit eben, uff, wenn de ma nich so'n Hunga hast, Gott.

G: Dit essen jehn, meinste jetz?

A: Jenau, denn kannick dir ooch azähln, wie, dit war villeicht lustich, alsick ...

G: Ja! Kannste! Denn! Jetz nich. Jetz machick ma ne Stulle.

A: Jut. Denn sagick ma, Bon Appetit Gott, wa und Doswidanja.

G: Ja, tschüss.

A: Na Gott.

G: Na.

A: Na, war bei dir ooch der GEZ-Mann?

G: Wat für'n GEZ-Mann?

A: Na, der GEZ-Mann, wegen der GEZ.

G: Du sprichst in Rätseln, alter Freund.

A: Na, GEZ, Mann. Dit wo se imma im Fernsehn für Werbung machen, dit man die bezahlt.

G: Ick kuck keene Werbung, schon lange nich mehr. Denn, merke, Werbung is unchristlich.

A: Sach bloß!

G: Ja, jenau wie Ficken ohne Trauschein, andern wat wegnehmen oda nich die Wahrheit sagen, jenauso is ooch Werbung unchristlich.

A: Aba die Kürche macht doch ooch Werbung.

G: Ja. Die is ooch unchristlich.

A: Du bist ja janz schön radikal, Gott.

G: Wenn de dit radikal nennst, denn binnick eben radikal, dit is mir doch ejal. Ich gehe eben meinen Weg. Du kannst ja gerne deinen Weg gehen.

A: Danke Gott.

G: Bitte, nüscht zu danken.

A: Aba Gott, nur ma anjenommen, der GEZ-Mann würde jetzt doch vor deine Tür stehn und will Jeld von dir.

G: Wofür denn?

A: Na, für deinen Fernseha, du hast doch 'n Fernseha.

G: Klar habick 'n Fernseha, ick muss doch wissen, wat für'n Scheiß meine Jeschöpfe kucken.

A: Eben. Und dafür will er aba Geld haben, der GEZ-Mann.

G: Wer sagt dit?

A: Das Gesetz.

G: Wat für'n Jesetz?

A: Na, hier, dis Gesetz von dem Land hier, wo wir wohnen.

G: Wo wohnen wir denn?

A: Stell dich ma nich blöda als de bist, Gott. BRD. Wir wohnen in der BRD. Bundesrepublik Deutschland.

G: Also ick wohn inne Chorina Straße.

A: Ja. Aba die jehört mit zur BRD dazu. Jenau wie die Christinenstraße, die Lottumstraße und die Kastanienallee.

G: Die Kastanienallee ooch?!

A: Ja, Mann. Janz Berlin jehört mit zur BRD. Dit is soja die Hauptstadt. Hier wohnt der Präsident und die janze Plörre, die sind alle hier. Parlament und so, Kohl, Schröda, Merkel, soja der Mann von die Merkel und die ihre Kinda, obwohl, ham die übahaupt Kinda, na ick gloob schon, also allet ...

G: Und deswegen sollick wat bezahlen, oda wie?!

A: Ja. Unjefähr deswegen.

G: Moment. Is 1. April?

A: Nee, oda weeßick nich. Nee, is keen 1. April. Sicha.

G: Ah ja. Und wennick einfach sage, dis der Fernseha von dir is?

A: Du darfst nich lügen, Gott.

G: Wat ick hier darf und wat nich, dit hast du mir übahaupt janich ...

A: Haste selba jesacht.

G: Ach, habick selba jesacht, ja?! Herr Neunmalklug, haben wir da etwa sehr schön aufjepasst, haben wir da etwa auch mitjeschrieben, zeig ma her, wat hast'n da?!

A: Ej, lass ma los, Mann!

G: Warste bei de Stasi, oda wat?!

A: Dit is mein Einkaufszettel, ej, dit hat damit janüscht zu tun.

G: Ach, und wat soll dit bitteschön?! Wat heißt hier Olivenöl?! Ick bin nämich nich uff'n Kopp jefalln, mein Lieba, dit kann man natürlich ooch rückwärts lesen, allet klar, warte ma, Lönevilo, wat soll'n dit heißen, hä, Abkürzung oda wat, treibste dein dreckiget

Spielchen mit mir, biste am Ende soja selba bein GEZ, wa, denkste, mit dem Lieben Gott, mit dem kann man's ja ruhich machen, der schnallt dit ja eh nich, aba haste falsch jedacht mein Lieba, der Allmächtije bin nämich imma noch icke und wennick hier zwan-zichmilljonen Fernseha in meine Bude stapel und die nur darum alle anmache, damit eua schönet Stromnetz vollständich zu-sammenbricht, denn is dit einzich und allein mein Ding, vastan-den, und jetz züsch ab, Alta, bevor ick mich endgültich vajesse!

A: Jibste mir wenichstens meinen Einkaufszettel wieda?

G: Nüscht! Den behaltick, als Beweisstück, Stasi und DDR sind schließlich ooch nich ewich jeblieben. Ürgendwann erwischts ooch eure BRD samt und sonders ihrem GEZ und denn Gnade dir icke.

A: Jaja. Kannick mir den Einkaufszettel wenichstens abschreiben?

G: Nur wenn de mir ne Milch und vier Bier mitbringst.

A: Wat für Bier?

G: Is ejal, Hauptsache braune Flaschen. Weeßt schon, grüne Fla-schen, Krebs und so.

A: Okay, meinetwegen.

A: Na Gott.

G: Na.

A: Na, jeht wieda uffwärts, Gott.

G: Meinste?

A: Dit sagen se von die Institute zumindist. Dit Inlandsprodukt steigt, dit Sozjalprodukt, die Würtschaft und dit allet, dit steigt allet. Die ham soja schon wieda mehr Jeld.

G: Wer hat mehr Jeld?

A: Na, die.

G: Wer, die?

A: Na, die, die dit vawalten, für uns, dit Jeld. Die ham da ne Kasse und da is jetze schon wieda mehr drin, inne Kasse, weilet uffwärts jeht, nämich, und jetz übalegen se bloß, wofür se dit ausjeben sollen oda ob se kleva sind und dit erstma noch zurückbehalten, für, wenn's ma wieda nich mehr uffwärts jeht.

G: Wieville isset denn?

A: Zwee Milljonen, oda zwanzich Milljonen, weeßick jetz nich, aba immahin, weil vorher warns ja 800 Billjonen Schulden.

G: 800 Billjonen?

A: Ja, alleene in Berlin.

G: 800 Billjonen in Berlin?!

A: Schulden, ja. Dit kommt noch vonne Krise.

G: Und die sind jetz alle weg, die Schulden?

A: Nee. Türlich nich, aba immahin, dit jeht wieda uffwärts, Gott. Villeicht könn' se denn ooch, in die Klasse von meinen Sohn, da konnten se ja jetz für die keene Schulbücha, da mussten wa ja jetz von den eenen Kind, dit Eene, dit hat ja reiche Eltan, stein-reich und deswegen hat der ooch so'n Buch, und von dem, von dem sein Buch, da wolln wa jetz jedenfalls für die Andan, wolln wa da dit allet abkopiern, villeicht kriegen wa ja, von wegen den Uffschwung, soja die Kopierkosten wieda denn, aus die Kasse? Wat meinste, Gott?

G: Meine Wege sind unagründlich, aba ehrlich jesagt, dit jibt natürlich noch 'n Haufen andera Bedürftiga, ihr seid da in eure Klasse bestümmt nich die Einzigen.

A: Stümmt. Inne Parallelklasse sind ooch noch welche und vor de Kaufhalle sitzt ooch imma so eena rum, der tut ma villeicht leid, Gott. Dit Einzije wat der hat, is'n Hund! Dit is gloobick so'n richtija, so'n richtich, würklicha Valiera von die Krise.

G: Villeicht issa ooch jerne unabhängich?

A: Dit gloobick nich, Gott.

G: Villeicht hatta einfach keen' Bock, so einjezwängt ständich in vier Mauan, so mitten Schlips um'm Hals, jeden Morgen zu' Bank zu rennen.

A: Warum sollta'n zu' Bank rennen, die rennt doch nich weg?

G: Ick meine, is ja so, er muss ja zu ne bestümmte Zeit frühs dasein.

A: Dit, dit stümmt. Dit is mir ooch schon ma uffjefalln, dit die Brüdas imma schon extrem früh dasind.

G: Dit is dir uffjefalln?

A: Na, aba! Wenn de jetz so von'n Tanzvagnügen nach Hause kommst, noch schön inne Hand so'n Döna mit alle Soßen drin, is ja denn meistens ooch ejal um die Zeit, denn uff alle Fälle, denn sieht man die imma schon fleißich inne Mülltonnen rumstochan.

G: Ick mein jetz aba nich die Bankbrüda, ick mein die andan Bankbrüda, die in den Banken, nich die uff den Bänken, vastehste?!

A: Ach, die meinste! Ach, denn! Denn is dit natürlich ein Missvaständnis jewesen, wat sich wahscheinlich jut in'n Radjo machen würde, bei so ne Sendung. Sowat mögen die Leute ja jerne, so Missvaständnisse.

G: Jibtit bestümmt, so ne Leute, aba dit jibt ooch Leute, für die is Freiheit, wenn se nüscht haben, wat se valieren könnten.

A: Ja, dazu jehörick allahdings ooch, ja. Ick will ja ooch nüscht valiern. Ständich valierick wat, dit jeht mir voll uff die Nüsse, Gott. Jestan die Mütze, vorjestan dit Schlüsselbund, morgen wahscheinlich die Unschuld, die Freundin, oda die Fähichkeit Zusammenhänge herzustellen. Ick wär unbedingt sehr dafür, Gott, wennick nüscht mehr valieren könnte, dit stümmt.

G: Denn müsste dich aba erstma freimachen, Sportsfreund.

A: Jedazeit.

G: Denn dürfteste nämich ooch nüscht mehr besitzen. Müssteste allet vaschenken, zun Beispiel.

A: Willste ma vaäppeln, dit wär ja voll behämmat. Wat hättick'n denn davon?

G: Dis de frei wärst?

A: Wärick ja voll 'n Opfa, 'n Opfa wärick denn!

G: Kommt druff an.

A: Kommt janich druff an. Denn hättick ja nüscht mehr! Wer will'n denn noch wat mit mir zu tun ham, übahaupt?!

G: Icke?

A: Lass ma, lass ma, Gottchen. Is ja zun Glück ooch nur 'n Jedanke jewesen. Und die Krise, die is ja jetz zun Glück vorbei. Zun Glück!

G: Ma sehn, wa.

A: Nich ma sehn. Die is vorbei, und deswejen könn' wa unsa Augenmerk jetz ooch erstma uff andre Dinge lenken.

G: Willste wat spenden?

A: Ick dachte eha an'n schicken, soliden Urlaub, damit dit Jeld abeitet, Gott, damit der Uffschwung nich astickt, damit dit zirkuliern kann, wie se in'n Fernsehn imma zu sagen pflegen tun.

G: Abjeben is ooch jut.

A: Sicha Gott, tschüss Gott.

G: Tschüss. Is aba würklich jut abjeben, loslassen können, sich freimachen, geben ohne zu nehmen.

A: Ick hab da schon vastanden, Gott, ick hab da schon vastanden. Aba, nich um dich zu ärgan, dit nich, aba, dit warn orginal deine Worte, die ick jetz zitiere: „Ick hab euch jeschaffen", wa, und denn, denn Gott, denn kannick eigentlich nur sagen: „Selba schuld", wa, aba keene Angst, dit sagick nich.

Zwiegespräche mit Gott | *heute: Disko-Fox*

A: Na Gott.

G: Na.

A: Na, hat ma neulich eena anjesprochen, uff de Straße, dissick ja wohl ma ab und zu mit dir rede und der hat ma jefragt, ob ick dir ma wat fragen könnte, weila wat wissen wollte, von dir.

G: Der soll ma schön ma selba komm'.

A: Der hat aba keene Zeit. Der hat imma so ville zu tun. Der abeitet nämich, in'n Büro und da mussa imma supaville Übastunden machen.

G: Mussa janich.

A: Naja, mussa schon.

G: Sachta.

A: Ja. Machen die aba alle da.

G: Weil se blöde sind.

A: Weil se ihren Abeitsplatz behalten wollen, Gott.

G: Weil se doof sind.

A: Ej, Gott ej, ick meine, dit jibt ja wohl ooch Leute noch, die müssen ihre Familje anährn, wa, die könn' ja wohl nich einfach sagen: „Ach, heididei, jeh ick ma villeicht lieba zun Frisör statt zu Abeit, oda zun Bio-Secondhand", Mann, da jehts für die ums Existenzielle.

G: Quatsch.

A: Wie Quatsch?

G: Na, Quatsch eben.

A: Du kannst doch nich einfach sagen, Quatsch!

G: Na, und ob ick dit wohl ma sagen kann?! Ick sag Quatsch, wenn ick Quatsch sagen will, ick sagit soja dreima hintananda, wennick lustich bin, Quatsch, Quatsch, Quatsch, siehste!

A: Weil de Gott bist, oda wat?

G: Dit is davon unabhängich. Dit hat wat mit Logik zu tun, bei den Problem.

A: Gott und Logik, oh, dit passt ja zusamm' wie ne Stecknadel und 'n Luftballon.

G: Werd nich frech, Bürschchen. Spann ma lieba deine Lauscha uff. Dit is nämich so, und zwar ...

A: Dit jeht jetz aba bitte nich bein Urknall los, ja Gott?

G: Also, zun Anfang da war ja wohl der Urknall. Na, haste dir aschreckt? Keene Sorge Mann, den Urknall jabs nich, ick hab doch allet aus Lehm damals ..., jut, also, dit jing ja wohl darum, dit die Schollis da in ihre vapupsten Buden drinhocken und absolut jede Scheiße zu absolut jeda Zeit machen tun, für janüscht an Lohn.

A: Jede Scheiße is ja wohl ein bisschen übatrieben.

G: Sagen wa, fast jede.

A: Draußen warten schließlich vier Milljon uff die erstbeste Jelegenheit.

G: Dit se ooch jede Scheiße, 'tschuldigung, fast jede Scheiße ...?

A: Die wolln den Job, Gott, so einfach isset.

G: Na, denn solln se'n haben, Mann.

A: Und?

G: Und wat?

A: Denn stehste uff de Straße, Gott.

G: Na, denn stehste eben uff de Straße. Kannst da ja ooch uff'n Platz stellen, wenn de Straßen nich so magst. Mann, siehste dit denn nich, wenn dit hier so weitajeht, denn haste hier bald Zustände wie in'n alten England oda wie in'n neuen Indien. Denn hacken sich die kleenen Leute untananda die Oogen aus, während die Chefs schön aus'n Vollen die Kohle scheffeln. Dit liecht doch wohl uff de Hand.

A: Darfick da ma anfassen, Gott?

G: Mit Hand, dit war eha symbolisch jemeint.

A: Weeßick. Darfick?

G: Meinste ick zaplatze, oda wat?

A: Nee. Ick frag ma nur, ob du dit jetze bist, Gott, oda obit der andre is, hier, der vonne Kommunisten?

G: Bleib ma uff'n Teppich, Sportsfreund. Ick hab einfach nur eins und eins zusammenjezählt. Ick dachte zwar einklich, ditta soweit ooch schon seid, in eure, na, sagen wa ruhich Entwicklung, aba scheinbar ja wohl nich. Könnte man jetz natürlich sagen, dittick da wohl am falschen Ende jespart hab, aba ick sag einfach ma, ick hab Hoffnung, ick hoffe, dit dit nur der berühmte eene Schritt zurück is, dem denn glei wieda direktemang uff'n Fuß zwee'e nach vorn folgen.

A: Meinste Disko-Fox, oda wat?

G: Manche sagen Evolution dazu, für mich isset einfach 'n Weg, wenn du dazu Disko-Fox sagen willst, bitteschön, tu da keenen Zwang an.

A: Danke, Gott, ick jeh denn ma.

G: Dein Null-Euro-Jobber, wat wollte der einklich von mir wissen?

A: Habick vajessen. Tschüss Gott.

G: Tschüss. Wohin jehste einklich?

A: Icke? Ins .... Kino.

A: Na Gott.

G: Na.

A: Na, hast du einklich Zimmapflanzen?

G: Warum sollick die hassen, die hamma doch nüscht jetan, außadem, ooch wenn se mir wat jetan hätten, würdick, na jut, nich glei die andere Backe hinhalten, dit findick ooch übatrieben wieda, aba, ick würd zumindestens ma mit denjenigen reden, erstma.

A: Ick gloob, wir ham uns grade missverstanden Gott, ick meinte nich ob du Zimmapflanzen hasst, mit Doppel-S, sondan ob du Zimmapflanzen hast, mit einem S, mit einem janz normalen einfachen S.

G: Nich mit Doppel-S also?

A: Nee.

G: Mit 'n einfachen S.

A: Janz jenau.

G: Ob ick welche habe, meinste?

A: Uff'n Punkt.

G: Pflanzen in mein Zimma, hmm, also alsick letztet Ma uffjeräumt hab, warn noch keene da.

A: Wann war'n dit, noch vor de Wende?

G: Pass ma uff Freundchen, ick hab vorhin jesacht, dissick erstma mit denjenigen rede, dit is hiermit aba ooch passiert!

A: Ick hab dir doch nüscht jetan, Gott, dit war doch nur ne Frage! Lediglich ne Frage.

G: Du wolltest ma lächalich machen, dit tut man einfach nich.

A: Hört doch keena, bis uff uns jetze.

G: Hast du ne Ahnung, die Wände hier haben Ohren. Außadem binnick mir nich sicha, ob ick nich sowieso schon längst wieda abjehört werde.

A: Du?!

G: Neulich hattit so jeknackt.

A: Oh!

G: Nich oh, mach da nich schon wieda lustich, dit hat jeknackt, jenauso jeknackt hat dit, wie früa, früa inne Zone.

A: Inne DDR meinste.

G: Inne Zone, ja. Da hat dit ooch imma so jeknackt. So'n janz bestimmtet Knacken war dit jewesen, da habick ma damals natürlich nüscht weita bei jedacht, hat sich ja keena wat bei jedacht, damals.

A: Keena is jetz aba übatrieben, oda?

G: Na, hast du dir etwa wat bei jedacht?

A: Bei mir hat dit nich jeknackt, Gott.

G: Ach, hat dit nich jeknackt bei dir, ja?

A: Nee. Also, nich dissit mir uffjefallen wär, also, wir hatten aba ooch keen Telefon damals, wir warn ja ooch nich so wichtich, jetze, wie du wahrscheinlich.

G: Ach, warta nich so wichtich, is dir nüscht uffjefallen, war ja ooch allet janich so schlümm wa, Ohren zu, Augen zu, Nase zu, wie die drei Affen, wa?!

A: Den Mund, die Affen ham sich den Mund zujehalten, nich die Nase, Gott.

G: Als wat haste einklich jearbeitet, damals?

A: Ick war bein VEB Knackjerätewerk Halbastadt anjestellt als ..., Mann Gott, weeßte doch, dissick Drucka bin.

G: Hattit würklich nie jeknackt bei dir?

A: Also, wennick ma richtich ainnere, denn ..., doch, wartte ma, eenma, eenma hattit jeknackt, jenau, jetz weeßicks wieda.

G: Siehste!

A: Ham wa aba jedacht, dit dit die Waschmaschine jewesen wär.

G: Habta jedacht, ja, so wie dit wascheinlich 17 Milljohnen jedacht ham, und im Westen wascheinlich ooch noch 'n paa, dazu.

A: Willy Brandt, wascheinlich.

G: Helmut Kohl.

A: Helmut Kohl?

G: Bestümmt! Hättick alladings nich jedacht, dit die damit jetz schon wieda anfangen.

A: Vielleicht wegen El Quaida, Gott?

G: Oda wegen die Hooligans.

A: Bei mir sind jetz neuadings 'n Haufen kleene Fliegen inne Blumentöppe drin. Die machen übaall, winzige weiße Eia, legen die da ab, übaall.

G: Bionik, die entwickeln dit imma weita, Mistviecha! Haste schon ma jelauscht, ob se leise Knackjeräusche von sich jeben?

A: Nee, die sind still, nur die Spinnen knacken, wennick se mit 'n Finga zadrücke.

G: Du bist ja jemein! Wat ham dir die denn jetan?!

A: Ick hab ja vorhers ooch mit ihnen jeredet.

G: Ach, haste, ja?

A: Habick, tschüss Gott.

G: Tschüss. Tschüss du, und du, wenn se nach mir fragen, du kennst ma nich, klar?!

A: Wenn wer fragt?

G: Du hast ma schon vastanden.

Zwiegespräche mit Gott | *heute: Drehen sie sich bitte noch mal um*

A: Na Gott.

G: Na.

A: Brauchste 'n Megaphon, Gott?

G: Wozu sollick'n dit brauchen?

A: Für wennde ma ne Demo machst, zun Beispiel, wennde Anführa sein willst.

G: Meinste, dittick denn 'n Megaphon brauche?

A: Oda ooch, manchma will man ja ooch einfach nur jemand ärgan. Wir sind früa öftas nachts durchde Straßen, Gott, und ham denn imma mit 'n Megaphon jerufen: „Achtung, Achtung! Sie können beruhicht weitaschlafen. Drehen Sie sich bitte noch mal um. Es ist nichts passiert."

G: Dit habta jemacht?

A: Dit hamma jemacht.

G: Fandeta wahscheinlich lustich.

A: Dit fanden wa nich nur lustich, dit war ooch lustich.

G: Dit dit ruhestörenda Lärm is, weeßte aba?

A: Lärm stört imma die Ruhe, Gott, dit liecht inne Natur der Sache. Jedet Jeräusch stört die Ruhe.

G: Jibt aba Jeräusche, die besondas störn.

A: Übaschallflugzeuge, allahdings, wenn se dir knapp üban Kopp fliegen oda kleene Kinda …

G: Die machen dit aba nich mit Absicht.

A: Die Flugzeuge?

G: Die Kinda.

A: Trotzdem isset Lärm.

G: Aba ihr macht dit mit Absicht und aus Spaß.

A: Kannste so nich sagen.

G: Warum kannick dit so nich sagen?

A: Weil wa dit janich mehr machen, nämich.

G: Weila klug jeworden seid?

A: Weil dit Megaphon nich mehr jeht.

G: Ach! Lass ma ma raten, handelt es sich bei diesen Megaphon, wat nich mehr jeht, eventuell um dit Megaphon, watte vasuchst grade mir untazujubeln?

A: Willstit haben?

G: Ick dreh dir glei'n Hals um.

A: Kommick denn in'n Himmel, Gott?

G: Du kommst glei inne Suppe, als Fleischzulage, Menschenskind!

A: Mann, Gott, ick dachte, dit du, also wir ham da ewich dran rumjewürcht an dem Ding, ürgendwie, also dit kann nüscht Großet sein, wat da kaputt is. Dit is, ooch hier von Elektro-Emil, von den Fachjeschäft, voll die Markenware is dit. Wahscheinlich fehlt da lediglich 'n Draht, oda ne Schraube is locka. Und da dachtick mir für dich, Gott, für einen mit deine Fähichkeiten, da is dit doch ein Kindaspiel dit zu reparieren, dit dachtick mir jedenfalls.

G: Meine Fähichkeiten reservierick für die wichtigen Sachen.

A: Wat is denn grade so wichtich?

G: Rumgröhlapperate reparieren sicha nich.

A: Is wieda Krieg, jibs ne Katastrophe?

G: Is dir langweilich?

A: Ick frag ja nur, damittick ma druff einstelln kann. Denn würdick nämich schnell nochma los, zur Kaufhalle. Brot, Butta, Bier, wat man so braucht.

G: Wenn de meinst, disde so durch'n Krieg kommst?

A: Sollick 'n Bunka baun?

G: Mach lieba wat Schönet. Einfach wat Schönet machen, statt andan uff de Nerven zu jehn. Pflück paar Blumen und schenk se der Kassiererin inne Kaufhalle, der, die de an'n wenichsten leiden kannst.

A: Dit kannste echt nich von mir valangen, Gott.

G: Denn ebend der, die de an'n zweetwenichsten leiden kannst.

A: Koofen tuick aba keene!

G: Dit jeht um die Geste.

A: Pass uff, ick habs. Du machst meinen Grölapperat heile und ick schenk die Bäckasolle, die um halb achte schon imma keen Brot mehr hat, 'n Strauß Gänseblümchen. Na, is dit 'n Wort?!

G: Is keen Kuhhandel, hier.

A: Jut. Ick schenk ihr uff alle Fälle die Gänseblümchen und stell dir dit Megaphon nur so vor de Tür. Du musst nüscht machen damit. Wennde nich willst, denn lässte dit einfach stehn.

G: Ick lasset stehn, Punkt.

A: In Ordnung. Wie jesagt, du musst übahaupt nüscht. Die Satanisten unta dir, die freun sich bestümmt, üba so'n Spielzeug, die lieben ja Lautstärke.

G: Haste Psüchologie studiert, an'n Wochenende, oda wat?!

A: Weeßt jenau, dittick keen Abitur hab, musste nich imma druff rumhacken und uff meine Jefühle druff rumtrampeln. Dit findick echt nich schön, Gott.

G: Traurich?

A: Hmm.

G: Weeßte, bring dit Ding einfach mit. Villeicht, für manche, isset ja ooch janich so schlecht villeicht, wenn se nachts jewckt wern. Denn merken se wenichstens noch, dit se leben. Denken se villeicht: „Kiek an, da is eena, der mit mir spricht." Finden se villeicht soja janz knorke.

A: Du bist der Größte, Gott.

G: Der Kleenste aba ooch.

A: Nich zu vajessen der Bunteste.

G: Und der mit die meisten Arme.

A: Tschüss Gott.

G: Tschüss Kloppi, ick mein natürlich du, tschüss du.

A: Na Gott.

G: Na.

A: Na, du Gangsta-Rappa!

G: Na, du ... Vogel!

A: Rap ma wat!

G: Haste 'n Clown vaschluckt?

A: Ick dachte, ick müsste ma den Beginn unseres Jesprächs 'n bisschen uffpeppen, Gott.

G: Deswegen haste ooch so ne ulkige Schürmmütze uffjesetzt, wa, und von der den Schürm lässich nach hinten jedreht?

A: Ma wat Neuet braucht der Mensch.

G: Habick ja Glück, dit ick dit nich brauch.

A: Findste nich schick?

G: Ick find, du siehst wie 'n Untaschichtendarstella anne Volks-bühne aus.

A: Pass ma uff, dittick dir nich glei eene haue, Allmächtija.

G: Oh, jetz habick aba Angst.

A: Ick war ma bein Judo, Gott.

G: Hmm, haste die bunten Hosenträja jekricht, wa, die Vorstufe von den durchsichtijen Gürtel.

A: Ick war würklich ma bein Judo.

G: Kannste denn den dreifachen Rittberga?!

A: Dit is Eiskunstlauf. Ick kann ..., aba da müssteste dich andas hinstelln zu.

G: Na, dit is ja ma ne prima Selbstvateidigung! „Ej, lass ma in Ruhe! Ick kann Judo, Alta! Ej, wenn de mir weita so uff de Fresse haust, denn liechste glei uff de Matte, dazu müssteste dir allah-dings noch andas zu hinstelln." Mein lieba Herr Jesangsvaein, da hättick ja würklich einen Heidenrespekt vor.

A: Ick war ja ooch nich lange bein Judo.

G: Haste 'n Schnuppakurs belecht, wa? Haste ma rinjeschnuppat, wa? Hat aba zu sehr nach Schweiß jerochen, wa?

A: Ej, du bist ürgendwie total aggressiv, Gott.

G: Wat awartest'n bein Gangsta-Rappa?

A: Gangsta-Rappa sind janz andas, Gott.

G: Schwula, wa!

A: Coola, Gott, viel coola sind die!

G: Is doch ditselbe.

A: Haste wat jegen Schwule?

G: Jehört doch zu Gangsta-Rap dazu.

A: Nich automatisch.

G: Sollick mir jetz etwa so ne Scheiß-Schürmmütze deswegen uffsetzen?!

A: Wenn de an die Jugend von heute rankomm' willst, is dit Voraussetzung. Am besten noch 'n goldenen Schlagring ooch, wo so'n großa Buchstabe druff is. 'n A oda 'n B oda glei vier Buchstaben, is noch bessa, 'n F, 'n U, 'n C und 'n K.

G: Hör ma, ick bin doch keen Kindaficka, ick will nich an die Jugend ran!

A: Wie willste die denn sonst wieda uff'n richtijen Weg zurückführn, Gott?

G: Wer sacht denn, dittick die uff'n richtijen Weg zurückführn will, übahaupt?!

A: Ick weeß, du stehst nich uff den, aba der Papst zun Beispiel?

G: Ej, wenn die wat wolln von mir, die Jugendlichen, ja, ej denn solln se komm' jefällichst!

A: Hier inne Chorina?

G: Von mir aus an einen neutralen Ort.

A: Darfick denn dein Sekundant sein, Gott?

G: Du darfst mir ma anne Pupe schmatzen, dit darfste!

A: Wat sind denn dit für Ausdrücke!?

G: Pupe und schmatzen meinste?

A: Ick kenn die Worte, aba aus deinen Mund, Gott, Hallelujah!

G: Staunste, wa, ick bin ein Meista der Vawandlung, ick kann in einen Moment „anne Pupe schmatzen" sagen und in'n nächsten sagick sowat wie: „Individuelle Lebensplanung muss unbedingt auch unter dem Aspekt der gesamtgesellschaftlichen Zusammenhänge betrachtet werden."

A: Bein Judo habick eenma soja den großen Olaf Gladitz üba mich rübajeworfen, Gott.

G: Hmm, dit musste die Bösen unbedingt azähln, bevor se dir vadreschen. Da stehn die druff, total.

A: Ick will damit bloß andeuten, dit man üba sich hinauswachsen kann, denn kann man ooch Berge vasetzen.

G: Der Einzige der hier Berge vasetzen kann, dit bin icke, mein Freund und üba sich hinauswachsen ...

A: Kannst natürlich ooch bloß du, schon klah!

G: Nich janz. Icke, logisch, aba außa mir kann dit ooch noch so'n Tier.

A: Sach bloß der Frosch!?

G: Nee, dit habta noch nich entdeckt, dit Tier. Dit lebt tief in'n Amazonas-Dschungel drin, dit habick jut vor euch vasteckt, da werdeta noch ne Weile zu brauchen, bissa dit jefunden habt, dit Tier.

A: So ne Suche nach so'n Tier, sach ma Gott, dit wär doch ürgendwie ne Uffgabe für die janzen Jugendlichen, die ohne Perspektive?!

G: Meinste die, die ihre Mützen falschrum uffsetzen, meinste die mit Glatze oda meinste die mit kaputte Hose?

A: Die mit 'n BMW-Cabrio haste vajessen.

G: Die sind tot!

A: Aba die meinick, jenau die, die und alle anderen. Die könnten dieset Tier suchen jehn.

G: Jenausojut könnten se aba ooch wieda für'n Sozjalismus sein.

A: Oda basteln.

G: Oda inne Kürche beten.

A: Oda alle zusammen sich an einen Runden Tüsch setzen und gemeinsam ... lesen.

G: Jenau. Bisse vor Langeweile einschlafen.

A: Der Schlaf der Gerechten.

G: Die wern dir wat husten.

A: Gloobick ooch, Gott.

G: Schlaf schön, Homie.

A: Tschüss Gott.

G: Träum wat Schönet.

A: Du ooch, Gott, du ooch.

A: Na Gott.

G: Na.

A: Na, haste ma vamisst?

G: Jestan meinste?

A: Ick war in Prag. Ick war eine janze Woche lang in Prag, Gott!

G: Prag, soso, Prag an der Moldau. Die Goldene Stadt.

A: Mensch Gott, hast dich ja kundich jemacht, hast ma wohl doch vamisst, wa?

G: Also erstma, wat soll'n dit von wegen Mensch, dit is Lästerung Sportsfreund, dit würde in andere Gegenden mit Rübe ab jekontat, zweetens, aba jut, dit habick dir schon so oft jesagt und drittens, ... drittens ..., äh, wat war'n nochma drittens?

A: Würst alt, wa Gott?

G: Wartte, glei fällts mir wieda ein.

A: Eins, zwei oda drei, du musst dich entscheiden, drei Felder sind frei ...

G: Sei ma leise.

A: ... plopp, plopp das heißt stopp, nur noch einen Hopp ...

G: Wat singst 'n da übahaupt?

A: Die Nationalhymne Gott, die tschechische.

G: Jetz fällts ma wieda ein, du warst in Prag.

A: Oh, Alzheima, neulich war übrigens der Tach des Buches. Jenau an den Tach wollten wa nämlich ooch 'n Buch koofen, is dit nich ein Zufall?

G: Aba!?

A: Wat aba?

G: Hatten alle Läden zu? War Feiatach? Oda wat?

A: Nee.

G: Sondan?

A: Jabs nich. War ausvakooft. Wir wollten ja so'n Vornamenbuch, so'n tschechischet Vornamenbuch.

G: Wozu'n dit?

A: Rate ma, Gott.

G: Biste nich zufrieden, mit dein' Vornamen?

A: Icke?

G: Nee, du.

A: Warum solltick nich zufrieden sein, Wolfgang is doch 'n
schöna Name. Nee Gott, wir wolln uns zwee Meerschweinchen
zulegen, und da hamma jedacht, varrückt wie wa sind, jeben
wa ihnen doch einfach ma Namen.

G: Voll varrückt.

A: Und da ham wa uns weita jedacht, wär doch noch varrückta,
wenn se tschechische Namen kriegen würden.

G: Zweifelsohne.

A: Sind mir aba uff die Schnelle nur Spejbl und Hurvinek einjefalln.

G: Karel wär noch ne Möglichkeit, Karel.

A: Gott, wat hältst du einklich davon, an'n 2. Mai, da is doch
imma so ne Demonstration von die Arbeitslosen.

G: Wo denn?

A: Übaall, is intanational.

G: Kiek an.

A: Ja, in Berlin treffen wa uns um einse. Hier an'n Senefelda
Platz.

G: Um einse? Da machick imma Gymnastik.

A: Prima, Gott. Bleibt man fit, wa, aba könnteste ja ooch ma ausnahmsweise schon um zwölwe machen, deine Gymnastik.

G: Ick mach imma zwee Stunden Gymnastik.

A: Jut, um ölwe und denn, vonne Chorina bis zun Senefelda is
doch nich weit, wie wärt? Kannst ooch die Satanisten von untendrunta mitbringen und die Opansängerin ooch, wir brauchen
jeden Mensch.

G: Den seita ja uff mich nich anjewiesen.

A: Pille-Palle, Gott! Dit is doch Wortklauberei. Mann, wir müssen
mehr als fuffzich sein, denn würd die Schönhausa für uns jesperrt.

G: Darum jehts, ja, dit ne Straße jesperrt würd? Na dit sind ja schöne Inhalte.

A: Dit jeht drum, dit …, ick kann dir ja ma 'n Manifest schicken, wo dit allet drin steht.

G: Lass ma, ick werd sehn, wat sich machen lässt. Warum loofta einklich nich durch de Chorina?

A: Sollten wa?

G: Könntick winken, von mein Fensta aus.

A: Dit is keen Spaß, Gott. Dit jeht um die Zukunft. Wir wollen frei und glücklich sein, die Robotta solln für uns abeiten jehn, jeda soll soviel kriegen, wiea braucht.

G: Dit Paradies also.

A: Du nennstit Paradies, ick nennit Zukunft.

G: Fuffzich sachste?

A: Mmh.

G: Noch 'n langa Weg, oda?

A: Ach, ick loof janz jerne.

G: Na, denn.

A: Tschüss Gott, bis einse.

G: Tschüss du, ach dieset Buch, dieset Vornamenbuch, von wem, ick meine, wer hat'n dit jeschrieben?

A: Vaclav Rames, kost 490 Kronen, tschechische logischaweise, und hört uff den schönen Titel: *Po kom se jmenujeme? Encyklopedie krestnich jmen*, aba ick kann's nich aussprechen.

G: Soso. Na, Hauptsache du kannst den Vornamen denn aussprechen. Bei einem Vornamen sollte man dit nämich würklich können.

A: Na Gott.

G: Na.

A: Na, haste Karl Marx jelesen?

G: Wat?!

A: Aschreck da nich glei so. Hallo, ick bins nur, icke, dein Kumpel.

G: Schöna Kumpel.

A: Sagen wa nich schön, aba selten.

G: Wohl zu viel Otto Waalkes jelesen.

A: Wie meinste?

G: Ma im Ernst. Janz schön scheiße hier jetz grade, wa?

A: Wat meinste denn?

G: Na, inne Politik, Bundestag so, ditte.

A: Ja ..., weita?

G: Na, ick mein ja nur, wat man so inne Zeitung liest.

A: Wat liest man denn so inne Zeitung?

G: Ick mein ja nur.

A: Habick schon vastanden, dit du meinst.

G: Na, denn is ja jut, denn sind wa ja eina Meinung.

A: Wat denn für na Meinung? Mann, nu sag doch ma, wat is denn los? Weltvaschwörung im Bundestach, oda wat? Wolln se uns alle abzocken?

G: Jenau dit.

A: Ach.

G: Ja, stand inne Zeitung.

A: In welche denn?

G: Inne ... Volkszeitung.

A: So, inne Volkszeitung. Inne Allgemeinen Volkszeitung oda inne Besonderen Volkszeitung?

G: Inne ... Allgemeinen gloobick.

A: Gloobste?

G: Ja, die wolln jetz so Schulgeld und Krankenvasicherung und die Steuan.

A: Die Steuan?

G: Steuan, richtich. Die kann ja keena mehr bezahlen, Benzin würd ooch imma teura.

A: Villeicht wegen die Osterweiterung.

G: Ja, scheiß Osten. Frag mich sowieso, warum die ausjerechnet den Osten erweitern wollen. Habick dit damals nich janz jut einjerichtet, dit die alle so gleich lang sind, Osten, Westen, Norden, Süden. Dit habick doch eigentlich janz jut einjerichtet, oda?

A: Sind die denn alle gleich lang?

G: Sicha. Unendlich. Die sind alle jenau unendlich gleich lang.

A: Ick gloob aba, dit jeht hier um Europa, Gott.

G: Sicha. Aba ooch ummen Irak.

A: Aba nich mit die Osterweiterung.

G: Nee, aba mit dem Öl.

A: Ach so, stümmt, kein Blut für Öl.

G: Wat meinste?

A: Na, kein Blut für Öl, war so ne Parole früa. Hamse imma jerufen, uff Demonstrationen. Habick ooch ma jerufen, in Thüringen, da ham ma ooch ma so ne kleene Demonstration jemacht, in so'm Dorf. Warn wa zu dritt und denn ham wa so vor'n Konsum, ham wa imma jerufen: „Kein Blut für Öl! Kein Blut für Öl! Kein Blut für Öl!"

G: Und, war jut?

A: Naja, die Suffköppe ham sich jedenfalls jefreut. Hatten se endlich welche, die se belöffeln konnten.

G: Warum denn?

A: Ach, ick gloob dit Warum, dit war denen so ziemlich ejal. Die ham da eben einfach losjelegt. Voll die Schimpftiraden. Steuan, Auslända und dit dit Bier zu teua is. Wir warn für die zur richtijen Zeit am richtijen Platz. Der perfekte Blitzableita.

G: Weil se nich mehr an Gott glooben, nämich.

A: Häh?!

G: Na, sonst wär ick doch dafür die Adresse. Manchma binnick da ooch janich ma so unglücklich drüba, dit bestümmte Leute, dit die Atheisten jeworden sind.

A: Aba eigentlich doch ...

G: Eigentlich?

A: Ja, eigentlich willste doch schon, dit wieda alle an dich glooben, oda?

G: Eben. Eigentlich.

A: Merk schon. Willste nich näha druff einjehn, wa?

G: Näha, weita, dit is allet gleichlang, in'n Prinzip.

A: Unendlich nehmick ma an.

G: Du lernst dazu.

A: Tschüss Gott.

G: Tschüss du. Warte ma noch kurz, sag ma, Karl Marx, haste eigentlich wat von dem?

A: Nee, warum?

G: Ach, nur so.

Grüße und Dankeschön gehen an: Oskar, Sasha, Julika, Katja, meine ganze Familie, alle Lesebühnen, besonders Die Reformbühne Heim & Welt und Die Surfpoeten, Konrad Endler, ATAK, Lottumstraße 9 & 10, Das Freudenhaus, Andreas Gläser, den BFC Dynamo, Acapulco Gold, Grissemann & Stermann, Die Raumstation, Kerstin Gleba, Hymnen der Großstadt, Cäsar, den vietnamesischen Koch im Hybriden am Rosenthaler Platz, alle Menschen, die gute Musik machen, alle Menschen die nicht mit der Mode gehen, alle Menschen die sich für andere einsetzen, alle anderen.

Ein ganz besonderer Gruß und ein ganz besonderes Dankeschön geht an Ebony Browne!

Die zweite Schrift

Ich widme dieses Buch den Lücken.

Zwiegespräche mit Gott | *heute:*

Zwiegespräche mit Gott | *heute:*
Ein skeptischer Sympathisant

A: Na Gott.

G: Na.

A: Wir wolln 'ne Patei gründen, Gott.

G: Schön.

A: Schön?

G: Na, dit ihr euch angajiert. Dit euch dit nich gleichgültich is, allit. Dit ihr dit Heft des Handelns in die Hand nehmt und aktiv eure Umwelt mitjestalten tut.

A: Na ja, noch suchen wa nach 'n Namen für die Patei.

G: Wie wär't mit SPD?

A: Jibtit schon.

G: Oda wat Christlichit. Wartte ma, wie wär't mit ... Christlich, äh, Sozjale ...

A: Jibtit ooch schon, Gott. Außadem wolln wa keene Christliche Patei sein, wir wolln übahaupt keene religjöse Patei sein.

G: Schade einklich.

A: Wir wolln 'ne Patei sein, Gott, die sich von alle die Patein, die't schon jibt, fundamental untascheidet.

G: Nüscht leichta als dit, nennt euch doch einfach „Die Grünen".

A: Um deinetwillen, Gott, haste jetz 'n Witz jemacht, oda wat? Nee. Wir dachten eha, wir nenn' uns „Die Blauen".

G: Blau is ooch schön, stümmt. Blau wie der Himmel, blau wie das Meer. Ach, ick weeß noch wie dit wah, damals. Blau wah ja die allahletzte Fahbe, die ick kreiert hab. Die kam noch nach Ocka, nach Pink kam die noch. Ick hatte der Sonne ja bereits die jelbe Fahbe jejeben, die Löcha in'n Weltall hattick schwahz jemacht längst, den Schnee weiß, die Blätta grün und die Liebe rot, nur für dit Meer und den Himmel hattick noch keene Fahbe. Da habick ewich übalegt. Hin und her. Ick dachte erst, na, villeicht solltick die ooch jelb machen, aba denn hätt' sich die Sonne ja von'n Himmel ja nich mehr abjehoben und in'n Wassa hätt' se sich nich spiegeln könn', weeßte.

A: Intressant, ja.

G: Plötzlich fiel mir ein, hallo, wie wär't, wennick die einfach ma blau mache.

A: Hmm.

G: Dit wah doch voll die jute Idee jewesen, oda?

A: Wah bei uns ähnlich, Gott. Die andan Fahben, die wahn ja politisch schon alle besetzt, ürgendwie. Rot, gelb, schwahz, grün, braun, grau, lila, selbst orange, dit is ja praktisch die Fahbe vonne Rewolutjon inne Ukraine, wah dit.

G: Da jabs 'ne Rewolutjon?

A: Sowat Ähnlichit. Friedlich.

G: Wie hier früa, in diesen andan Staat, wa? Wo Leipzich die Hauptstadt von wah.

A: Äh ..., strengjenommen wah da Leipzich nich die Hauptstadt von, aba ähnlich, ja. Die streiten sich jetz aba alle.

G: In Leipzich?

A: Inne Ukraine, Gott. Die Rewolutjonäre. Die eene mit den Brotzopp um'n Kopp jewickelt und der andere mit die Nahben in'n Jesicht.

G: Charles Bukowski?

A: Is tot.

G: Der soll ja ville jetrunken ham, ooch. Alkohol und sowat. Dit will mir übrijens absolut nich in'n Kopp, dit ihr meine schöne Fahbe Blau dazu missbraucht den volltrunkenen Zustand eines Menschen zu beschreiben. Haste da nich Schiss, dit ihr mit eure neuen Patei villeicht den Säufan zujeordnet werdit?

A: Wir ham nüscht jegen Säufa, Gott. Aba dit jibt ein viel schlümmeret Problem.

G: Ick weeß, ick weeß, der Nahost-Konflikt.

A: Den meinick ausnahmsweise ma nich, Gott, sondan „Die Blauen", die Patei „Die Blauen", die jibtit ooch schon.

G: Nein!

A: Doch.

G: Nein!! Dit is ja eine Katastrofe für euch! Und wat machta jetze, mit die janzen blauen Fahnen, mit die Winkelemente, die Mitgliedsausweise, die Luftballongs? Die Schals, Gummibärchentüten, Kondome?

A: Wir ham so'n Schrott nich, Gott. Wir sind libatär.

G: Ach kiek an. Und da biste ooch noch stolz druff, oda wat?

A: Jeht so. Uff jeden Fall habick schon 'ne neue Idee für'n Namen.

G: Lass ma raten, „Die Oliven"?

A: „Die Karierten", Gott. Fahben sind out, jetz komm' Musta!

G: Musta, ja?

A: Absolut. Dit karierte Zeitalta is anjebrochen, dit woruff alle jewartet haben, hallelujah!

G: Na, wenn de dir da ma nich täuschst.

A: Unsere Vaantwortung für uns vabietet es uns, uns zu täuschen.

G: Kariert quatschen habta anschein'd schon jelernt.

A: Is anjeborn bei mir, tschüss Gott.

G: Tschüss.

A: Ach Gott?

G: Ja?

A: Wenn de bei uns mitmachen willst, ja ...?

G: Lass ma, vorerst bleibick erstma eua skeptischa Sümpathisant.

Zwiegespräche mit Gott | *heute:*
Vergleichbare Persönlichkeiten

A: Na Gott.

G: Na.

A: Boris Becka hat 'ne Neue, Gott.

G: Wat bitte jeht mich dit an?

A: Habick inne Schweiz afahren. Wusstiste Gott, dis Boris Becka inne Schweiz wohnt?

G: Nee.

A: In Zug. Der wohnt in Zug.

G: Arrogante Sau!

A: Oda jedenfalls hatta ma da jewohnt. Da kennse ihn jedenfalls janz jut. Da nennse ihn imma noch Bum-Bum und die Eene hat jesagt, der würde Muttainstinkte wecken.

G: Kiek an.

A: Weila so mitte Augen klimpat, Gott, und rote Haare hat und Sommasprossen und so.

G: Hmm.

A: Da würkta denn 'n bisschen dämlich und dit weckt wohl die Muttainstinkte.

G: Nich distit als Beleidijung ufffasst, aba bei mir weckt dit eha die Müdichkeit.

A: Ick find dit ja intressant, Gott. Warum wohl einije von die Sportla nach ihre aktiwe Laufbahn vonne Bildfläche vaschwinden, während andre stur und starr uff de Bildfläche bleiben.

G: Muss ebend ooch Sportla uff die hinteren Plätze jeben. Wennit die nich jäbe, würde nämich übahaupt keena wat zu feian haben. Die Bedeutung eines Sieges misst sich an den Besiegten, mein Freund.

A: Schon klah. Meinick aba janich. Ick mein' vagleichbare Pasönlichkeiten, Gott. Warum hört man zun Beispiel nüscht von

Thomas Wassberg, von Jarmila Kratochwilowa, von Frank Ter-
letzki, Nadja Kommanetsch oda Teofilo Stiewensen, warum liest,
hört und sieht man stattdessen ständich Franz Beckenbaua, Björn
Borg, Muhammed Ali oda ooch Katarina Witt?

G: Muhammed Ali, is doch der, der imma so zittat, stümmts?

A: Vollkommen richtich, Gott.

G: Dit is der in'n Rollstuhl, oda, der so'n liebit Jesicht hat.

A: Siehste, soja du kennst den. Weeßte ooch, wat der für'n Sport
jemacht hat?

G: Rollstuhlfahn?

A: Boxen, Gott. Aba dit meinick. Dit jibt welche, die wern nach
ihre aktiwe Zeit einfach so prominent. Die wern abjekoppelt von
ihren Sport, vollständich. Die akennt man denn einfach. Von
denen will man wissen, wat für 'ne Magarine se sich uffs Brot
schmiern, ob se tablettensüchtich sind, 'ne neue Freundin ham,
für Fototermine oda ooch wie ville se vadienen, zun Beispiel.

G: Ick, zun Beispiel, will dit nich wissen.

A: Weil du, zun Beispiel, ja ooch Gott bist, oda dir zumindist für
hältst.

G: Und du hältst dir wohl für intelligent, wa?

A: Kannick nich beurteilen. Müssen künftige Generatjonen entscheiden. Ick halt ma jedenfalls nich für Gott.

G: Weil dit ja ooch nich bist.

A: Stümmt.

G: Ick aba bin Gott. Sollick etwa lügen, bloß um Bescheidenheit
zu signalisiern?

A: Willste meine ehrliche Meinung hörn?

G: Nee.

A: Boris Becka soll übrigens 'ne Fürma ham, Gott, die sich nur mit
ihm selba beschäfticht, also mit die Entwicklung seina Figur, die
Präsentatjon von die, seinen Immätsch und ähnliche Scherze. Dit
is doch ürgendwie traurich, findste nich ooch? Ick meine, der

könnte doch noch ma studieren oda 'ne Lehre machen als Fliesenleja oda als Frisör, der is doch noch jung, der kann doch noch so ville aus seinen Leben machen, der Bengel.

G: Jenau wie du.

A: Ick bin dabei, Gott. Ick lerne grade Ahzt, autodidaktisch. Zur Zeit übick spritzen, grade. Dürfick dir villeicht ma 'ne Spritze jeben, ja?

G: Untasteh' dir!

A: Is nur Luft drin.

G: Schusta, bleib bei deine Leisten!

A: Tschüss Gott.

G: Tschüss du. Ach ..., du?

A: Ja?

G: Der Muhammed Ali, der hieß doch ma früha ma andas. Wie hieß der denn glei noch mal?

A: Stiewens, Gott, Kett Stiewens.

Zwiegespräche mit Gott | *heute: Das letzte Glied*

A: Na Gott.

G: Na.

A: Ick dachte, Gott, du bist nich da.

G: Wegen dit schöne Wetta, meinste?

A: Nee, oda weeßick nich, aba ick dachte, an so einen Tach …!

G: Ja, meine Güte, Mittwoch meinste wa, is jetz aba für mich nich so der besondere Tach. Ick hab ja schon so ville Mittwoche alebt, weeßte, ick kann dir sagen, ick hab ja mehr Mittwoche alebt, als alle Menschen diesa Welt zusammen Haare ham, und damit meinick nich nur die ihre Kopfhaare.

A: Gott?! Du machst Witze?!

G: Lustich, oda?

A: Die wolln allit vanichten!

G: Wer will allit vanichten?

A: Die Wissenschaftla, Gott. Die varrückten Wissenschaftla.

G: Du meinst Dr. No?

A: Ick mein die varrückten Wissenschaftla inne Schweiz, die wolln da so'n Teilchenbeschleuniga einschalten, bei dem wern so Teilchen so dermaßen schnell uff'n'andajejagt, mit Lichtjeschwindichkeit, dit denn dadurch solln die denn zafalln, die Teilchen, und zwah in so kleene Teilchen, dit se denn ooch dit lange jesuchte Higgs-Teilchen finden.

G: Dit wat Teilchen?

A: Higgs.

G: Denkt wohl jemand an dich, wa?

A: Witzich, Gott. Wenn die dit Higgs-Teilchen finden, ja, denn wäre damit dit letzte Glied entdeckt, wat man bräuchte, um den Urknall zu beweisen.

G: Jibtit imma noch welche, die dadran glooben?

A: Is nich dit Problem, Gott, ick gloob ja ooch an den Urknall, dit Problem is, dit durch den Vasuch, ja, da würd ein schwarzit Loch entstehen, ein Loch, wat allit vaschlingen würd' wattit jibt, hörste Gott, allit, zuerst die varrückten Wissenschaftla, denn die komplette Schweiz, denn die janze Welt mitsamt uns alle druff und wahscheinlich ooch noch Sonne, Mond und Sterne dazu, wie einije andere Wissenschaftla behaupten.

G: Varrückte?

A: Kannick nich beurteilen, Gott, ick hab dit nich studiert. Uff jeden Fall könnte dit sein, dit heute der letzte Tach uff Erden is. Und deswejen dachtick, du wärst nich da.

G: Wo solltick denn sonst sein?

A: Na, ick dachte, du tust villeicht wat?

G: Wat solltick denn tun?

A: Keene Ahnung. Ick dachte, du machst dir villeicht uff de Socken, du mobilisierst villeicht, wat weeß ick, deine Schäfchen oda Hinz und Kunz oda so, und denn, zun Beispiel, demonstrierta da, vor de Schweiza Botschaft oda vor de UNO, sowat.

G: Vor de UNO?

A: Beispielsweise. Die betrifft dit schließlich ooch.

G: Du meinst, ick stell ma vor so'n Haus und brüll denn: „Polizei, SA, SS"?

A: Sowat doch nich.

G: Wat denn sonst?

A: Na wat, wat zun Thema passt.

G: Und wat passt zun Thema?

A: Wat weeß ick: „Hört uff mit die Teilchen, wartet noch ein Weilchen" oda: „Urknall war jestan, schwarzit Loch – Nein Danke!"

G: Dit reimt sich aba janich.

A: Dit muss sich ooch nich imma allet reimen, Gott. Hauptsache is doch, dit kommt rüba, wat man will.

G: Ick weeß aba übahaupt janich, oppick dit übahaupt will, dit die da wahten.

A: Du willst, dit allit vanichtet würd, Gott!? Dit uns ein schwarzit Loch einsaugt und dit wir denn uffhörn zu existiern und nich ma wat hintalassen könn'?!

G: Du hast doch jesagt, die suchen dieset Schluckuff-Teilchen.

A: Higgs, ja. Peter Higgs, britischer Phüsika, der hat sich dit ausjedacht, dit Teilchen, ein Teilchen, welchet andan Teilchen seine Masse valeiht.

G: Ja, ja, ja, schon klah. Hokus, Pokus, Fidibus, dreima schwarza Kata und so, aba du hast doch ooch noch jesagt, dieset Teilchen, dit wäre dit letzte Glied inne Kette, zun Beweis von den Urknall.

A: Dit würde alle aktuellen Theorien zumindist bestätijen, ja.

G: Mit andan Worten, wenn die dit jetz nich finden tun, dit Teilchen, denn würdeta alle jezwungen sein, wieda an mich zu glooben. Richtich?

A: Ick gloobe nich, Gott.

G: Sondan?

A: Sondan dit würden sich denn alle Möglichen wieda uff ihre Hosenböden setzen und neue Theorien ausbaldowan.

G: Varrückt.

A: Kommt uff den Blickwinkel druff an, Gott. Ick, zun Beispiel, wär ja schon froh, wenn morgen wieda die Sonne uffjeht.

G: Ja. Dit is dit schöne an solche Wesen wie euch. Durch den begrenzten Horizont seita mit relatiw wenich zufrieden.

A: Tschüss Gott. Bis demnächst, hoffentlich.

G: Tschüss, ja.

A: Ach, Gott?

G: Ja?

A: Wenn wieda Awarten allit jut jehn sollte, die diesit Higgs-Teilchen finden und statt eins schwarzen Lochs nur ein schwarzit Löchlein entsteht, wenn also alle Theorien bewiesen sind, vasprischte mir, ditte denn nich allzu traurich bist, ja?

G: Träum weita.

A: Na Gott.

G: Na.

A: Die Fettluke is weg, Gott, die Fettluke an'n Rosa-Luxemburg Platz.

G: Du meinst den Schlemma-Pavilljon.

A: Die Fettluke, jenau.

G: Baun se wahscheinlich 'n neuet Haus hin.

A: An die Stelle? Is doch grade ma drei Meta breit, da.

G: Acht Meta werns schon sein.

A: Drei Meta, keen Zentimeta mehr.

G: Würd's ebend 'n schmalet Haus.

A: Ick gloob eha, dit da 'n Park hinkommt, Gott.

G: 'n drei Meta breita Park, oda wat?! Schön mit Springbrunnen, Liegewiese und Rodelberg wahscheinlich.

A: Türlich nich so'n Angeba-Park, eha so'n Park, der sich an die Jegebenheiten anpasst, die finanzjellen, so'n Sparpark würd dit.

G: Du meinst, sie pflanzen einen Strauch dahin.

A: Villeicht noch 'n Baum dazu, ja.

G: Wegen Klimaschutz, oda wat?

A: Ooch für't Ooge. Grün is ja imma jut für't Ooge. Alsick bei de Armee war ...

G: Du sollst nich töten!

A: Ick hab da keen umjebracht, Gott.

G: Schon der Vasuch is vawerflich!

A: Ick hab ooch nich vasucht, da jemand umzubringen.

G: Wat haste denn da sonst jemacht, Sträucha jepflanzt?

A: Icke? Ick hab da zun Beispiel Katoffeln jeschält, Gott. Wir hatten ja da so'ne Katoffelschälmaschine und, dit war einklich janz lustich, die Katoffeln, die wahn ja da imma so dermaßen schlecht, volla Stellen und so, kennste doch, Stellen?

G: Stellen kennick, ja.

A: Na, wegen die Stellen hamma die Katoffeln imma inne Maschine rinjeschmissen, weil wa keen Bock hatten, mit'n Messa die rauszuschneiden. Und da hamma die denn imma so lange da drin jelassen, bis denn ooch die letzten Stellen wegjeschält wahn. Die wahn denn zun Schluss nur noch so groß wie Tüschtennisbälle, Gott. Die Katoffeln, meinick.

G: Lustich.

A: Ja, wa. Oda, wat hamma noch jemacht? Mitte Feuawehr wahn wa Bier holn, jesoffen hamma sowieso, ohne Ende, der üba mir, der kam aus'n Uranbergbau, vonne Wismut, aus Aue, Wismut heißt ja jetz Erzjebürge, aba nur in'n Fußball, na jedenfalls, der hat imma Kumpeltod mitjebracht, so Fusel, üblet Zeug, wat die inne Grube, damit se ihre Vastrahlung vajessen, ham die dit da jekricht, hatten noch nich ma 'n Etikett, die Flaschen, dit hat der jedenfalls imma mitjebracht, weeß janich mehr, wie der hieß, der hat in'n Doppelstockbett üba mir jeschlafen und eenma hat der vollet Rohr jekotzt, in seinen Bett, und die Kotze, die is denn bis zu mir runtajeloofen, anne Wand lang runta, bis zu mir.

G: Lustich.

A: Ja, wa. Eena bei uns, der hat ooch, imma wenna von'n Ausjang wiedakam, hat der in'n Besenschrank jeschissen.

G: Seita zu Männan jeworden, wa, zu richtijen Männan.

A: Na, man lernt schon wat für't Leben, da haste recht. Ick konnt ja vorher noch nichma mit meine Zähne 'ne Bierflasche uffmachen oda im Stehen schlafen oda ein janzet Mittachessen in zwei Minuten runtaschlingen, lügen, betrügen, Duckmäusatum, vielet hilft einen ja durchaus ooch um in'n zivilen Leben klahzukommen.

G: Ihr seid schon ein echtet Meistawerk jeworden.

A: Wat für'n Meistawerk?

G: Vajissit.

A: Jedenfalls hat der eene Offizier, dit Arschloch, wat seinen Hut imma wie bei de Nazis jebogen hat, der hat jedenfalls vor'n Schießen jesagt ...

G: Habta also doch jetötet!

A: Wir ham uff Pappsoldaten jeschossen, Gott.

G: Ach, und Pappsoldaten ham wohl keen Recht uff Leben?

A: 'n Recht villeicht schon, bloß 'n Leben hamse nich. Die sind aus Pappe, Allmächtja. Die sind nich von dir jeschaffen worden, die sind von Menschenhand.

G: Allet is von mir.

A: Sicha, allet, bis uff die Pappsoldaten. Jedenfalls hat der jesacht, wir solln beim Zieln uff die, wenn wa nich mehr richtich kucken können, denn solln wa erstma schön ins Grüne kucken, dit beruhicht die Augen.

G: Und denn habta die Wesen aus Pappe brutal abjeknallt.

A: Ick hab imma nur uff die obere Mauakante jezielt, Gott.

G: Hast also die Mauakante aschossen. Wahscheinlich haste jedacht, dit die ooch nich lebt, wa?

A: Jetz hör aba ma uff!

G: Nee, ihr sollt ma uffhörn!! Imma allet nur totschießen, als obbit keen Wert hat. Als obbick mir nie wat bei jedacht hätte. Wat da is, is da und dit is ooch zu Recht da!

A: Die Fettluke is jetz aba weg.

G: Siehste, und wat meinste, wo die Suffies nu hinjehn?

A: Die stehn jetz vor'n Spätkauf.

G: Und, fühln se sich da wohl?

A: Keene Ahnung.

G: Ick gloobe nämich nich.

A: Heißt dit, dit du die Fettluke dahin jebaut hast, Gott?

G: Wegen einem Abriss hat sich jedenfalls niemand an mich jewendet.

A: Fallset dich beruhicht, mich hat ooch keena jefragt.

G: Scherzkeks.

A: Tschüss Gott.

G: Tschüss. Draußen die Tür musste übrigens richtich ranziehn, mit Schwung, damit se zujeht.

A: Damit die vonne Fettluke nich kommen und schön bei euch in'n warmen Hausflur trinken? Bösa Gott!

G: Mund zu, Mörda!

Zwiegespräche mit Gott | *heute: Kosten sparen*

A: Na Gott.

G: Na.

A: Ick hab mir jedacht, Gott, weil doch jetze durch die Finanz-krise, ja, so wenich Jeld da is ...

G: Es is nich wenich Jeld da!

A: Doch Gott. Doch. Es is doch wenich Jeld da, wegen die Finanzkrise, nämich.

G: Es is nich wenich Jeld da!

A: Wolln wa uns jetz ständich wiedaholn, oda wat? Bis eena umfällt und stürbt?

G: Es is nich wenich Jeld da. Oda ummit mit andan Worten zu formuliern, es is jenuch Jeld für alle da. Lediglich falsch vateilt isset.

A: Meinick doch. Die Ölscheichs ham allet und Berlin is pleite. Sexy, aba pleite.

G: Berlin is nich sexy.

A: Hat aba der Bürgameista jesacht.

G: Eine Stadt kann nich sexy sein.

A: Warum, bitteschön, soll denn eine Stadt nich sexy sein können? Ein Mensch kann doch ooch sexy sein.

G: Ein Mensch is ein Wesen aus Fleisch und Blut, beseelt durch meinen Atem.

A: Dein Atem hat ihn sexy jemacht, Gott?

G: Wat solls. Ick jeb ma jeschlagen, hast recht.

A: Ick hab recht?

G: Du hast recht.

A: Mit wat?

G: Mit ... allem.

A: Mit allem?

G: Mit allem.

A: Juchhu!

G: Glückwunsch. Wat haste dir denn nu jedacht?

A: Is doch ejal. Ick hab recht, Gott, dit müssen wa feian! Ick hab recht mit allem! Ick gloob, weeßte wat, ick gloob ick jeb een aus.

G: Du hast vorhin doch jesacht, dit, weil durch die Finanzkrise so wenich Jeld da is, hättest du dir wat ausjedacht.

A: Allahdings habick mir da wat ausjedacht, allahdings. Und zwah dachtick mir aus, dit soll doch jetze so'n Riesenrad jebaut werden, wa Gott, an'n Bahnhof Zoo, da wo man früa imma ausstieg, um wieda da zu sein.

G: Ausstieg, um wat?!

A: Jabs doch ma diesen Schlaga: „Bahnhof Zoo, mein Zug fährt ein, ick steig aus, um wieda da zu sein ..."

G: Sacht ma nüscht.

A: Riesenhit damals. Aba ejal, jedenfalls ..., von den Riesenrad weeßte aba, oda? Dit größte Riesenrad vonne Welt?

G: Jehört habick von. Aba meene Zustimmung habick da noch nich jejeben.

A: Ebend. Und ooch ansonsten is da wohl längst nich allet in trockene Tücha, Gott. Und da, deshalb, habick mir jedacht, man könnte doch da, wejen die Finanzkrise ooch, Kosten spahn und aus eins zweie machen.

G: Du willst aus ein Riesenrad zwei Riesenräda machen?

A: Umjekehrt natülich.

G: Du willst aus zwei Riesenrädan ein Riesenrad machen?

A: Ick dachte mir, man könnte dit koppeln. Kostengünstich koppeln. Kiek ma, dit Riesenrad is ja nich dit einzije Bauprojekt in Berlin. Dit soll ja ooch zun Beispiel, längst übafällig einklich, ein Denkmal entstehn, für die Rewolutjon, die friedliche, inne DDR, inne ehemalijen.

G: Nachtigall, ick hör dir trapsen.

A: Oda? Man könnte doch diesa Riesenradbaufürma den Uffträch ateilen, ein Riesenrad zu bauen, unta der Ufflage, dit dit Riesen-rad zugleich Denkmal werden muss, vonne Wende, vonne fried-lichen.

G: Ein Riesenrad, wat sich nach Westen dreht?

A: Man könnte ooch die Gondeln nach vadiente Bürgarechtla benennen. Stell dir dit ma vor, Gott. Da würden denn Berlinturis-ten aus nah und fern, von London und Schanghai, Schöneiche und ... schöne andere Orte inne Bärbel-Bohley-Gondel oda inne Vera-Wollenberga-Lengsfeld-Gondel oda ooch inne Angela-Merkel-Gondel sitzen und hoch üba diesa Stadt jewaltfreien Mu-ckefuck schlürfen und dit janz ohne Vaschwendung von unseren Steuageldan.

G: Angela Merkel wah ne Bürgarechtlerin?

A: Ja, pah Zujeständnisse musste schon machen. Pah Promis musste dabei haben. Die Leute wolln ja ooch ma wen kennen, von die.

G: Kannste glei noch ne Adolf-Hitla-Gondel einrichten, denn.

A: Willste jetz die friedliche Rewolutjon beleidijen, ja? Willste jetz Merkel mit Hitla vagleichen, etwa?

G: Ick fürchte bloß, dit dit Denkmal kaum wat mit die zu tun hätte, die damals uff de Straße wahn.

A: Du kannst nun ma nich 16 Milljonen Gondeln da ranbam-meln, an so'n Riesenrad, Gott, dit is schon rein technisch nich machbar. Üba wat sich reden ließe, dit wäre, man könnte ja an bestümmpten Tagen, an Tagen, wo dit Riesenrad sowieso nich so ausjelastet is, an Tagen in'n Spätherbst beispielsweise, wennit nieselt und unanjenehma Wind weht, denn könnte man da ja villeicht für, sagen wa ma, alle Leipzija oda so den Eintrittspreis senken.

G: Warum hamse nich glei dich zun neuen Würtschaftsminista jemacht, einklich?

A: Warum? Kannick dir sagen, Gott. Ick stand nich zur Vafügung, darum. Meine Interessen tendieren eindeutich in eine andere Richtung.

G: Ach.

A: Ja. Tschüss Gott.

G: Tschüss du, ach, du?

A: Ja?

G: In welche Richtung tendieren denn deine Intressen so?

A: Ansichtspostkaten, Gott. Ick sammel Ansichtspostkaten.

Zwiegespräche mit Gott | *heute: Zornig*

A: Na Gott.

G: Na.

A: Haste jehört, Gott?

G: Mit die Präsidentschaftswahl?

A: Nee, ick meine den Mordduffruf inne B.Z.

G: Die B.Z. will jemand umbringen?

A: Ja. Und zwah dich, Gott. Stand heute früh janz groß, in meta-großen Lettan stand dit da, uff de ersten Seite vonne B.Z., „Tötet Gott!" stand da und dadrunta, um alle Missvaständnisse vorzubeugen stand noch dazu: „Dit is ausdrücklich keene Satire!", willste dir dit jefallen lassen, Gott?

G: Türlich nich. Die solln ma kennenlernen, die Schmierfinken!

A: Denen würstit jeben, wa? Denen würste Mores lehren. Lass Blitz und Donna herabsegeln uff sie, Allmächtija. Vazauba die zu Würman, mach sie nackich, lass sie inne Hölle schmoren, uff disse nie wieda inne Lage sind, einen Fuß vor den andan zu setzen.

G: Ick bin nich der Teufel, mein Freund.

A: Is doch ejal. Deine Rache würd unendlich sein. Da biste wieda janz der Alte, wie Phönix aus de Asche, wie außen Alten Testament jekrochen, der Zornige, der Bluttriefende, der nichts und niemandem Vergebende, der uff alle Regeln der Genfer Konwentjon Scheißende, der unbeschreiblich Böse, der Gott, den wa fürchten, unsa Gott!

G: Jetz krich da ma wieda ein.

A: Hau sie in Stücke, Herr! Würf sie den Maden zum Fraß vor! Stech ihnen die Augen aus! Röste ihre Leban üba offenen Feua!

G: Haste se noch alle?

A: Alle, alle, alle musste se haben, Gott! Alle musste se kriegen! Dit janze Nest musste ausräuchan, damit der Schoß niemals fruchtbar sein kann, noch!

G: Wat solln dit Theata hier?

A: Theata?

G: Den jabs in Würklichkeit janich, den Uffruf, oda?

A: Ick schwöre, Gott, uffs Heilije Kreuz ..., bei Maria und Josef schwörick, dit ...

G: Deine plötzliche Zuwendung zun Glauben ürritiert ma, Sportsfreund. Nich dis de nachher noch Jungfrauen abhaben willst.

A: Ick will bloß Blut sehen, Herr.

G: Und ick will den Morduffruf sehn.

A: Kommt erst morgen raus.

G: Pass ma uff, ja, dit is nich lustich! Beinah hättick ma vasündicht!

A: Kann dir doch ejal sein, Gott, du kannst dir doch selba wieda vajeben.

G: Ick kann ..., ach, wat vaschwendick meene Enagie an einen Ungläubijen.

A: Die ham 'nen Kollejen von mir jedisst, Gott, meinste dittick da ruhich bleibe? Meinste dit in echt?!

G: Ey, dit hätt' beinah Tote jejeben!

A: Ja. Meine Güte. Wat soll man machen?

G: Wat man machen soll, fragste?

A: Ja. Sollick etwa 'n Lesabrief schreiben:

„Liebe B.Z.

Bitte, bitte. Ick lese Euch jetz schon seit üba zwanzich Jahre und bisher fand ich Eure Berichterstattung imma äußast ausjewogen und serjös. Aber was Ihr da wegen den Marc-Uwe Kling seinen schönen Lied ‚Hörst du mich Josef Ackamann' jeschrieben habt, fand ich nicht so sehr schön. Das hättet Ihr ruhich noch viel, viel schöna noch schreiben können oda stattdessen ein Busenwunda oda so. Auch finde ich es nicht besondas nett, wenn Ihr bei Radjosendan anruft, um zu

erwürken, dass Herr Kling dort entlassen werde. Das gehört
sich einfach nich, finde ich, für eine Qualitätszeitung wie
die Eurige. Ich hoffe also, dass dem dafür Verantwortlichen
sobald als möglich der Piephahn abjeschnitten würd und Ihr
zu euan nivovollen Schreibstil zurückfindet.

Mit freundlichen Grüßen,
666"

Sollick etwa so'n Lesabrief schreiben, Gott?

G: Wat soll denn 666 bedeuten?

A: Ach, is bloß wat Ähnlichet wie Irina Mustamann oda Otto Normalvabraucha.

G: Und diesa Kling ...?

A: Der hat einfach 'n schönit Lied jemacht, Gott, mit 'n schönen Text.

G: Und deswejen hat die B.Z. ...?

A: Deswejen wollten die den töten, ja, oda jedenfalls wollten se ihn von seinen Brotawerb abschneiden.

G: Berufsvabot?

A: Jenau.

G: Wie damals bei Biermann?

A: Wer hätte dit jedacht, Gott. Der schreibt ja mittlaweile soja für die Schundblätta, der Biermann. Sudelbiermann, könnte man fast sagen.

G: Du würst ooch ma alt.

A: Wat nich zwangsläufich heißt, dit man denn ooch doof würd, Gott.

G: Nee, manch eena findit ooch zun Glauben.

A: Tschüss Gott.

G: Tschüss du.

A: Ach ..., Gott?

G: Ja?

A: Würste denn jetz wat untanehmen, jegen die Postille?

G: Wat schwebt dir denn vor?

A: 'ne Pleite? Exitus? Der vollständige Garaus?

G: Ick kiek ma, wat sich machen lässt.

A: Na Gott.

G: Na.

A: Na. Die Eckkneipe stürbt aus.

G: Spricht ooch keena mehr Dialekt.

A: Bisschen übatrieben, wa?

G: Dit die Eckkneipe ausstürbt, is ja wohl ooch 'n bisschen übatrieben.

A: Stümmt. Schreiben aba die Gazetten.

G: Sommaloch.

A: Herbstloch meinste.

G: Is ditselbe. Bloß größa jeworden wegen den Ozon.

A: Aba stümmt, watte sagst mit die Eckkneipen, Gott. Ick wah ja neulich in Neukölln, und da kann, also von Aussterben der Eckkneipen kann da echt keene Rede sein.

G: Is in'n Wedding jenauso.

A: Und in Lichtenberg.

G: In Hannova ooch.

A: Würkich?

G: London, Dabblin, Basel, Detschin, keene Sorge, die Eckkneipe stürbt schon nich aus.

A: Da wahste schon übaall inne Eckkneipe, Gott, in die janzen Städte?

G: Ick bin Gott.

A: Is dit nich jefährlich? Ick mein', würd man da nich schnell zun Alkoholika?

G: In London?

A: In die Eckkneipen. Wenn de die alle frequentierst, so oll ower se wörld, denn, ick meine, ick kenn' dit ja lediglich aus de „Barrikade" inne Buttmannstraße in'n Wedding, also da kommste nich eha wieda raus, als wenn de nich wenichstens 'n Schnaps jekippt hast. Und neulich habick 'n Fülm jesehn, ja, in'n Kino, Gott, der hieß „Willkommen bei den Sch'tis", der Fülm, und da musste een Briefträja übaall, woa wat abjejeben hat, 'n Kurzen nehm. Dit, also uff die Daua ... hauch ma ma an, Allmächtija.

G: Du weeßt, wat passiert, wennick dir anhauche?

A: Wat passiert 'n denn?

G: Schon ma wat von die Druckwelle jehört, die ufftritt, wenn 'ne Atombombe explodiert?

A: Also denn hauch mir ma lieba nich an, Gott. Ick will ja noch leben. Ick will ja noch nich sterben. Ick hab ja noch so ville vor.

G: Wat haste denn vor?

A: Zun Beispiel willick noch zun Zahnahzt jehn, nachher, weil meen Zahnfleisch zurückjeht. Wär übrijens ooch ma 'n Tipp für dich.

G: Meen Zahnfleisch jeht nich zurück.

A: Dit villeicht nich. Aba wenn de so'n Mundjeruch hast, dit kommt ja meistens vonne Zähne her, also manchma ooch von'n Magen, manchma is dit ooch anjeboren, erblich bedingt, hatten deine Eltan villeicht ooch Probleme mit ...?

G: Tabu!

A: Wat?

G: Du berührst grade ein Tabu.

A: Ick berühre ... wat? Ick kann janüscht berührn, Gott, weilick meine Hände nämich inne Hosentaschen hab.

G: Eltan von mir ist gleich Tabu, ist gleich redet man nich drüba.

A: Wahn die so scheiße, deine Eltan, hamse dir jehauen?

G: Dit jehört zu den Tabu dazu.

A: Vastehe. Denn is wahscheinlich dringlicha als der Zahnahzt-besuch, eine Stippwisite bein Psüchoklempna, wa Gott. 'ne schicke Therapie mit Stuhlkreis und so, Familjenuffstellung, die janze Palette.

G: Ick will dit ma so ausdrücken, wattick mache und wat nich, dit besprechick mit mir selba, is schön, ditte dir Sorgen machst, aba, fallsick ma dir zur Abwechslung 'n Tipp jeben dürf, mach dir ma lieba Sorgen um deine Sorgen. Um deine Ehe, zun Beispiel.

A: Ick bin janich vaheiratit, Gott.

G: Trotzdem.

A: Ziemlich billijet Ablenkungsmannöwa, findste nich ooch?

G: Oda aba prima aus de Affäre jezogen.

A: Hmm. Manche behaupten ja, hinta die Tresen von die Eck-kneipen stünden die besten Psüchaterinnen mit großen I vonne janzen Welt. Weeßt sicha, watte tust, Gott. Nur für den Fall, ditte doch ma drüba reden willst, ick hab imma 'n offenit Ohr. Meen Vata hat sich ja ooch nich jekümmat, ick weeß wie dit is.

G: Janüscht weeßte.

A: Oda so. Tschüss Gott.

G: Tschüss.

A: Ach ..., Gott?

G: Ja?

A: Nur, falls de Lust hast, 1. Dezemba 19 Uhr, Solidaritätssaufen im „Willy Bresch". Ick würd ma freuen, wenn de kommst.

G: Binnick bein Frisör. Aba villeicht stoßick späta noch dazu, denn.

A: Na Gott.

G: Na.

A: Haste dir die Haare jemacht?

G: Ja.

A: Sieht jut aus.

G: Ja.

A: Bisschen kürza. Sportlich.

G: Findste?

A: Ja. Modern. Wie man heutzutaje ebend rumlooft.

G: Tja, meine Jüte.

A: Ick weeß, is dir ejal, wa? Mode und so is ürgendwie nich so deine Welt. Aba 'n janz kleenet bisschen, wenn de ehrlich bist, knick knack, is doch schon schön, oda, wenn se eenen hinta-herkieken?

G: Wer kiekt hintaher?

A: Die Gö-hörls.

G: Die Gö-hörls?

A: Ja. Na komm, warum sonst schneidet man sich die Haare – haste einklich selba jemacht?

G: Die Haare? Die habick selba jemacht, türlich, erst habick die Haare jemacht und denn den Rest vonne Welt, drumherum.

A: Ick meine in diesen Falle ma nich deine absurde Ewolutjons-theorie, Gott, sondan deine Frisur.

G: Ach, meine Frisur meinste!?

A: Übaraschendaweise, ja.

G: Die habick nich selba jemacht, aus den einfachen Grunde he-raus, weilick ma wieda unta Menschen wollte. Und wo afährt man schon mehr üba seine pasönlich jeschöpften Kreaturen als bein Frisör. Haste übrijens jehört dittit in'n USA 'n neuen Prä-sidenten jeben soll?

A: Du würst staunen, ja.

G: Und dit der Regierende Bürgameista von Berlin 'ne Schwulette is?

A: Dit habick ooch jehört, Gott, aba dit sagt man nich mehr.

G: Wat sacht man nich mehr?

A: Schwulette, Gott, Schwulette sagt man nich mehr.

G: Wieso sagt man nich mehr Schwulette?

A: Weil Schwulette 'ne Beleidigung is.

G: Schwulette is doch keene Beleidigung! Warum soll denn Schwulette bitteschön 'ne Beleidigung sein, Bulette is doch ooch keene Beleidigung!

A: Doch.

G: Doch? Wat heißt hier doch?

A: Doch, Gott. Doch heißt doch. Bulette is doch 'ne Beleidigung. Und zwah, wenn de ma, weil de nüscht Besseret zu tun hast, ins Brandenburga Umland fährst, ja, um, wat weeß icke, dir da die Sehenswürdichkeiten anzukieken …, weeßte einklich Gott, wat Sehenswürdichkeit uff Russisch heißt?

G: Dostoprimelschatjelnosti warit nich, wa?

A: Du wusstist dit schon, jibs zu?

G: Ick bin Gott.

A: Ach nee, … wenn de also dir da die Sehenswürdichkeiten ankiekst, inne Mahk Brandenburg, den Fläming zun Beispiel, oda …

G: … die Oda.

A: … die Oda, jenau, aba ooch …, die Dahme zun Beispiel …

G: … die is ooch schick, stümmt.

A: … und du würst da jetze bei die Spritztour von den Einheimischen …

G: … den Märkan.

A: … den Märkan, jenau, als Berlina akannt, wejen den Nummanschüld oda wejen die Frisur, und dit sind denn ausjerechnet ooch noch solchwelche, die Berlina nich leiden können, die die uffen

Tod nich ausstehn könn', weil se denken, die würden ihnen die Bodenschätze wegnehmen, oda ..., wat weeß ick, dit liebe Vieh oda so, denn nenn' die een da Bulette.

G: Und ..., dit is schlümm?

A: Dit is schlümm, ja. Dit is ja 'ne Beleidigung, praktisch.

G: Vastehe. Kamman die denn vaklagen da praktisch, wejen Beleidigung?

A: Weeßick jetz nich, Gott, ob dit schon ausreicht für 'ne Klage. Ob dit schon von'n Bundesvafassungsjericht als beklagenswert anakannt wurde. Ick gloob ... eha nich.

G: Also, ick würde mir da sowieso nich ärgan, wenn mir jemand als Bulette bezeichnit.

A: Darum jehts doch ooch janich, dit jeht doch darum, ob der andere dit als Beleidigung meint.

G: Aba, ick kann doch allit als Beleidigung meinen. Ick kann doch zun Beispiel ooch zu dir sagen: „Du Schrank!" und dit voll beleidijend meinen.

A: Jedenfalls sacht man Schwulette nich mehr.

G: In den Frisör, wo ick war, sacht man dit schon noch.

A: In welchen Frisör warste denn?

G: Na hör ma, ick liefa die doch nich ans Messa, die stehn schon früh jenuch noch vor Jericht.

A: Womitte wahscheinlich keen Ürdischit meinst, woraus ick kombiniere, dit die schon alt wahn, in den Frisör.

G: ... Schweigen is Gold.

A: Tschüss Gott.

G: Tschüss du. Ach ..., du?

A: Ja?

G: Ick find Schwulette übrijens 'n voll niedlichit Wort. Wenn alle eure Beleidigungen so niedlich wärn wie Schwulette, denn findick, wärta schon 'n janzet Stück weita.

A: Da, Gott, binnick mir wiederum nich so sicha.

A: Na Gott.

G: Na.

A: Na, brauchst du villeicht 'ne Zimmapflanze, Gott?

G: Ick hab Pflanzen jemacht, damit se unta meinen Himmel wachsen und jedeihn, nich dit se in Käfijen lediglich singen von Freiheit.

A: Mit andan Worten, nee?

G: Du lernst dazu.

A: Tut man imma. Weeßte Gott, wat wa meena Mutta zun Jeburtstach schenken?

G: Lass ma raten, einen Gutschein?

A: Bingo, Gott. Einen Gutschein. Einen Gutschein nämich für zehn Besuche. Wir vapflichten uns in diesen Gutschein, dit wir sie zehnma in diesen Jahr besuchen komm'.

G: Entartet.

A: Na, hör ma Gott! So'ne Nazi-Vokabel willick hier aba nich nochma hörn, hörste?

G: Tschuldigung. Is mir rausjerutscht.

A: War doch bloß 'ne Provokatjon von mir, Gott. Aba, kiek ma, so leicht springst du daruff an. Kaum tischick dir hier eine winzje Lüge uff, würst du glei zun Nazi.

G: Und du würst glei zun Eiszapfen, Sportsfreund!

A: Warum bitteschön werd ick zun Eiszapfen?

G: Weilick dir glei in'n Eiszapfen vawandel, darum!

A: Mach doch, Gott.

G: Machick aba nich.

A: Weil dit nämich janich kannst, stümmts?

G: Weilicks nich will. Ick missbrauche meene Macht nich für lächaliche Showkämpfe mit vorwitzijen Flitzpiepen wie dir.

A: Hochnäsich issa ooch noch.

G: Ick beschäftije mir grade mit den Thema Nahost, falls dir dit wat sacht.

A: Und wir schenken unsera Mutta einen Gutschein, wo se drei Kurse besuchen kann, bei eina wissentschaftlichen Universität nämich. Na, wat sachste nu?

G: Hat se sich dit jewünscht?

A: Hat se. Meene Mutta is nämich eine sehr kluge Frau, Gott.

G: So.

A: Meene Mutta is soja eine sehr, sehr kluge Frau. Wahscheinlich hat se sich ooch darum nur scheiden lassen.

G: Weil se so klug is?

A: Ick kann mir vorstelln, Gott, dit sie plötzlich jemerkt hat, dit mein Vata und sie, dit sie ürgendwie janich richtich zusammenpassen, weil er imma nur uff de Kautsch jelegen hat und Fußball jekiekt und dazu Schips in sich rinjemampft, DDR-Schips, während sie mehr so philosophische Standardwerke vafasst hat.

G: Deine Mutta hat philosophische Standardwerke vafasst?!

A: Ick hab jesagt, ick kann mir dit vorstelln. Dit muss nich eins zu eins ooch so jewesen sein, aba vorstelln könntick mir dit janz jut, durchaus. Sie hat sich ja denn ooch würkich jetrennt, also, zwah hat sich mein Vata von ihr jetrennt, aba, ick schätze ma, er is ihr lediglich uff eine besondas perfide Art zuvorjekommen, weila die Schmach des Verlassenwerdens nämich nich uffjebürdet haben wollte.

G: Schätzte?

A: Muss man nur A und B zusammenzählen, Gott, und dit zumindest ham wa jelernt inne DDR, eine wissentschaftlich fundierte Herangehensweise an rätselhafte Phänomene.

G: Wat is denn an eina Scheidung rätselhaft und wat ein Phänomen?

A: Ick wah ölf, Gott.

G: Und?

A: Kannste dir ainnan, wo du ölf warst?

G: Ja, äh, nee.

A: Siehste!

G: ... tut ma leid, aba ick muss ma jetz erstma weitabeschäftijen mit Nahost, is nämich die Kacke an'n Dampfen, da.

A: Und meine Mutta is eine sehr kluge Frau!

G: Wat sich nich zwangsläufich ausschließt.

A: Ebend! Tschüss Gott.

G: Tschüss du. Ach ..., du?

A: Ja?

G: Wat macht dein Vata einklich, jetze?

A: Der? Liegt wahscheinlich uff de Kautsch und mampft Schips.

G: BRD-Schips?

A: Vamutlich, ja.

Zwiegespräche mit Gott | *heute: Vorsätze*

A: Na Gott.

G: Na.

A: Wieda 'n Jahr jeschafft, wa?

G: Hmm.

A: Ick nehm mir ja nüscht vor, Gott, für dieset Jahr.

G: Hmm.

A: Hat ja sonst ooch nüscht jebracht. Bringt ja bei den meisten nüscht. Erst, da halten se sich noch an die Vorsätze, so lange wie se noch vakatat sind, da saufen se ja würkich wenija, aba denn, so baldit ihnen wieda bessa jehn tut, sollst ma sehn, denn holn se allet nach. Meistens sind se denn soja dicka als wie vorher.

G: Hmm.

A: Is ja nich so, dittick mir keene Jedanken mache, Gott, so isset ja nich. Ick mach mir schon Jedanken, oda gloobste etwa, dittick mir keene Jedanken mache?

G: Hmm.

A: Wie meinste?

G: Nee. Nee, nee, du machst dit schon richtich.

A: Is ja ooch nich einfach, dit Leben. Wie soll man dit denn übahaupt allet schaffen? Freundlich sollste sein, weeßte, roochen sollste nich, saufen sollste nich ..., und denn sollste ooch noch freundlich sein.

G: Hmm.

A: Ick bin doch keen Robota, Gott!

G: Nee.

A: Ick meine, dit passt doch ooch janich zu die Jesellschaft hier dazu. Wenn de hier, in diesa Jesellschaft, ja Gott, imma freundlich sein würdist, denn würdiste ja eha heute als wie morgen inne Gosse landen, mitten Jesicht nach unten, so siehts doch aus, oda etwa nich?

G: Wat?

A: Wattick jesacht hab eben.

G: Ach so, doch, wahscheinlich, hmm.

A: Ick meine, klah hat meene Olle recht, wennick jetz nich so ville saufen würde, denn würdick wahscheinlich würkich mehr uff Reihe kriegen, da hat se uff jeden Fall recht, obwohl, dit is ja manchma ooch janz jut, so'n Vollsuff. Da komm eim ja jute Ideen.

G: Hmm.

A: Die sind denn zwah oft ooch wieda weg, die juten Ideen, aba man entspannt ja ooch, bein jemütlichen Beisammensein. Da lässt man ma die Seele baumeln, zun Beispiel, da schüttet man ma sein Herz aus, dit is ja praktisch, als ob man inne Mediatjon sitzt, kamman fünwe grade sein lassen, Jefühle offen zeigen, ooch ma heulen wie'n Schlosshund oda zuhörn. Wo hört eim denn heutezutage noch jemand zu?

G: ...

A: Gott?

G: Ja?

A: Ick hatte jefracht, wo einen heutzutage noch jemand zuhört?

G: Uff jeden Fall, uff jeden Fall.

A: Dit meinick. Jenau dit. Und deshalb mussick einfach ab und zu inne Kneipe und mir da zulöten. Weilick ansonsten die janzen Anforderungen vonne Jesellschaft, von diese Leistungsjesellschaft hier, janich bewältijen könnte. Dit issen Ausgleich ja praktisch. Aba dit vasteht sie ebend nich, weil sie ja die Probleme ooch nich hat wie icke.

G: Hmm.

A: Ick meine, ick als Mann, ja, ick soll heute stahk sein, aba ooch jut aussehn, ick soll Jefühle zeigen, aba mir ooch Jefühle ankie- ken. Ick soll Vaantwortung übanehmen, mit die Kinda spielen, den Müll runtabringen, abwaschen, die Zeitung wegräumen, wennick se jelesen hab, ick soll Glühbürnen wechseln, mir rasiern, intelligent sein, aba ooch Humor ham, ick soll uff ihre Bedürfnisse achten, dabei aba ooch dit Wesentliche nich außen Augen valiern, ick soll Beschütza sein und Fußabtreta, Spielmacha und Ballhola, und denn sollick ooch noch sexy sein dazu! Dit is doch nich leicht!

G: Hmm.

A: Dit habick ihr nämich ooch jesacht.

G: So.

A: Wommitick nich behaupten will Gott, dit sie janüscht tut. Dit nich. Die hattit schon ooch nich leicht. Ick sag ja zun Beispiel ooch, dit ruhich sie ma wegjehn soll. Donnastach, zun Beispiel, wenn Fußball in'n Fernsehn kommt, oda jeden zweeten Sonnahmd könntick mir durchaus vorstelln zu Hause zu bleiben, aba, denn sacht sie wieda, dit sie dit janz andas jemeint hat, aba wie sie dit jemeint hat, dit nu wiederum sacht sie nich. Oda sie sacht dit schon, aba dit kann keen Mensch vastehn, keen normala. Uff jeden Fall nehmick mir dieset Jahr einfach ma nüscht vor. Dit steht fest, soviel steht fest. So. Jetz mussick aba langsam ma jehn. Hat ma jefreut Gott, klah, aba ick kann ja nich ewich hier mit dir quatschen. Is intressant, sicha, aba dit Leben jeht ja weita, wa? Wie Lenin so schön sachte. Früha hatta dit ma jesacht.

G: Hmm.

A: Also, tschüss Gott.

G: Tschüss.

A: Ach, Gott?

G: Nee. Reicht langsam, wa?!

A: Ick wollt' dir doch nur noch 'n jesundet Neuet wünschen, Gott. Nur 'n jesundet Neuet.

A: Na Gott.

G: Na.

A: Na, dir hängt da noch 'n Krümel in'n Jesicht.

G: Wo'n? Da?

A: Nee, da.

G: Weg?

A: Mmh.

G: Willste rinkomm'?

A: Dachte eha, wir könnten 'n bisschen rausjehn, uff 'n Sprung.

G: Könn wa. Erstma musste mir aba sagen, obde schonma dran jedacht hast, dir mit 'ne Frau zusammenzutun.

A: Heiraten meinste?

G: Wenn de dem Kind unbedingt einen Namen vapassen willst, bitteschön.

A: Dankeschön.

G: Sach ma.

A: Wegen Steuan, oda wat?

G: Weeß ick doch nich, wie ihr zu Liebe noch sacht. Ihr seid da ja schon imma ziemlich merkwürdich jewesen, ihr Menschen. Een Wort reicht euch ja nich, ficken, vögeln, steuan, hör mir uff.

A: Also erstma, ach du Scheiße, und zweetens, würd ja wohl höchstens umjedreht 'n Schuh draus, also man kann zwar zu ficken Liebe machen sagen, aba andasrum is dit nich unbedingt ditselbe.

G: Meinste jetz schwul, oda wie?

A: Sehr witzich!

G: War noch janüscht. Kommt 'ne Wurst zun Augenarzt ...

A: Bitte Gott, dit is ja untastet Niwo!

G: Kennste schon?

A: Nee. Ick meine, ja. Ick meine, ick hab schon ma dran jedacht zu heiraten. Mit allen Pipapo. Mit Kutsche, Kürche, Schleia, den janzen Schnickschnack.

G: Na, kuck ma eina schau!

A: War allahdings mit zwölf, aba pssst, keen weitasagen.

G: Warum denn nich?

A: Weil ..., ach sagick dir 'n andamal, ick gloob uns hört grad jemand zu.

G: Dit gloob ick nun wiederum nich.

A: Ick aba. Dit reicht aus. Schwörste?

G: Warum?

A: Nich warum. Dittit nich weitasagst?

G: Okay.

A: Bei deine Mutta?

G: Ick hab aba jakeene Mutta.

A: Trotzdem.

G: Von mir aus, bei meine Mutta. Mussick jetz noch ürgendwo hinspucken, dittit gildit?

A: Bessa wärt.

G: Warte, ... Moment.

A: Iiiiieh, ... Mann, bist du 'ne olle Pottsau!

G: Heul nich, raus mitte Sprache.

A: Jib ma erstma 'n Taschentuch.

G: Bitte.

A: Danke. Dit jab da nämich 'n Mädchen in unsre Klasse damals, die hatte Sommasprossen, Angelika hieß die.

G: Die dicke Angelika?

A: Die war nich dick.

G: Die dünne Angelika?

A: Die war ooch nich dünn. Die war eha so, richtich. Uff jeden Fall warick vadammt vaknallt in die. Heimlich aba. Ick hab ma nich jetraut, die anzusprechen deswegen. Ick war ja ooch viel kleena als die und eha noch voll so'n Kind. Ick wollt liebas noch warten, bissick die ma anspreche, so lange wolltick noch wachsen und so lange habick denn ebend dajelegen und mir so ausjemalt, wie dit so sein würde, denn.

G: Und?

A: War voll schön. Wir saßen so inne Kutsche und ick war so'n Supastar. Fußballa oda Rocksänga, und denn habick se jeküsst.

G: Vor de Hochzeit?

A: Ja. Oda, nee. Weeßick nich mehr. Uff jeden Fall wahn wa denn vaheiratet, mit Ringe. Wir sind ja denn ooch zusammen in'n Urlaub jefahrn, in'n Hochzeitsurlaub, da war se denn schon schwanga.

G: Von dir?

A: Von wem denn sonst?! Man, dit habick mir doch allet nur ausjedacht. Is ja ooch janich so jekommen. Alsick denn nämich jewachsen war, schließlich, da hatte die schon längst 'n Freund jehabt, denn. Eenen mit Motorrad, soja. Hattick voll den richtijen Zeitpunkt vapasst. Die hat ja jetz ooch schon drei Kinda, aba ick gloobe nich mit dem mit'm Motorrad, sondan mit so'n andan, der 'n Auto hat. Oda villeicht is ooch bloß eens von dem und zwee sind von dem mit'n Motorrad. Dit kann ooch sein.

G: Sodom und Gomorrha.

A: Tja Gott, die Zeiten ändan sich eben. Dit is heutzutage so. Ooch, wenndit nich wahrhaben willst. Dit kettet sich keena mehr 'n Leben lang an ürgend so'n Sack. Wenn die Liebe weg is, sucht man sich 'ne neue.

G: Meinste also, dit hat janüscht jenützt, dittick dit mit AIDS ...

A: Wat hast du?!

G: Pssst!

A: Bist du bescheuat, Gott?!

G: Nich so laut, dit kann ja jeda hören. Mann, ick wollt dit ja in Würklichkeit ooch janich, dit war doch nur aus Vasehn und jetz is dit aba so, dittick dit nich mehr wegkriege. Dit is voll die

Scheiße! Vasprich ma, ditte dit nich weitasagst, okay?! Vasprichit, bitte!

A: Janüscht vasprechick!

G: Ick jeb da ooch Gold und Edelsteine, jede Menge.

A: Vajissit!

G: Wie siehts mit Ruhm und Ehre aus, Macht, Einfluss, du könntest der absolute Bestümma sein, von jetze an, für imma.

A: Ick wiedahol ma nich jerne aba, vajissit!

G: Und wennick dir jetz, sagen wa mal, die Liebe schenke, die ewige Liebe, die Erfüllung deina Sehnsüchte, dis Puzzlestück, dis perfekt zu dir passt, ohne dis man drücken muss? Na?

A: Dit kannste janich!

G: Na?!

A: Dit kannste niemals!

G: Wetten?!

A: Jut, Gott. Aba nur, weilick mich nich so jern wiedahole, und du musst ma außadem vasprechen, ditte zumindest vasuchst, dit Zeug wieda wegzukriegen.

G: Schon vasprochen.

A: Und die andan Sachen ooch.

G: Welche denn noch?

A: Krebs, Krieg, die Kontrollen inne Straßenbahn, die janze Scheiße, vasprichste dit?

G: Mussick jetz wieda spucken?

A: Nee.

G: Jut, ick vasprechet. Bei meine Mutti.

A: Na, Gott.

G: Na.

A: Na, ick war bein Klassentreffen, Gott.

G: Und, haste jemand akannt?

A: Keen Eenzijen.

G: Nich einen?

A: Schlümma. Nich einen Einzijen soja.

G: Biste dir sicha, ditte bein richtijen Klassentreffen wahst?

A: Bei welchen Klassentreffen solltick denn sonst jewesen sein?

G: Bein falschen? Villeicht wahste ja inne falschen Klasse, villeicht biste in'n falschen Klassenraum jejangen.

A: Wir wahn inne Kneipe, Gott.

G: Wir? Du meinst du.

A: Nee. Ick mein wir.

G: Haste welche kennenjelernt, die mit dir mitjekommen sind, inne Kneipe?

A: Dit Klassentreffen, Gott, dit wah inne Kneipe. Dit hat da stattjefunden. Dit wurde dahin organisiert.

G: Ach, dit wah janich inne Schule?

A: Nee. Unsre Schule jibs janich mehr.

G: Ach, dit is ja intressant. Die jibs janich mehr?

A: Nee. Oda jedenfalls ..., also die Schule, die ..., dit is schon noch 'ne Schule, aba ehmd nich mehr unsre.

G: Klah. Is die Schule von die andan Klassen, jetz, wa? Nich mehr von euch, sondan von die andan, von die unteren Klassen.

A: Eben nich, Gott. Dit is jetz eha so die Schule von die oberen Klassen.

G: Wieso? Sind die zu Reserwe einjezogen worden?

A: Quatsch, Gott. Die is priwatisiert worden, die Schule. Die is jetz 'ne Schule für die oberen Schichten und Klassen, Gott, da

könn' nur noch welche hin, die 'ne Goldada ham in ihre Lebens-
linje.

G: 'ne Goldada?

A: Welche mit Jeld, Penunse, Pinke Pinke, Kohle, Kröten, Zasta,
Kies, Asche, Schotta.

G: Jibtit einklich in eure Umgangssprache noch ürgendwat, wattit
bei die Vielfalt der Namen mit Jeld uffnehmen könnte?

A: Nee. Gloob nich. Obwohl, klah Gott, kennste Jeschlechtsva-
kehr? Da jibs, gloobick ooch ville Wörta für, sollick ma?

G: Nee du. Keen Bedarf.

A: Ach, mir fällt soja noch wat ein, Gott und zwah Wörta, die wa
für den Jenuss alkoholischa Jetränke zun Zwecke der Berauschung
ham, da jibs ja ...

G: Stümmt.

A: Kennste, Gott?

G: Sind mir ans Ohr jedrungen, ja. Sowat wie „sich die Kante jeben" meinste, oda?

A: Lulle, hacke, breit, voll, zu, dicht, blau, steif ...

G: Na, dit is ja wohl eha denn der Zustand danach.

A: Jut uffjepasst, Gott. Trichtan, bechan, saufen, zuknalln, schlu-
cken, heben, abfülln ..., dit triffts eha.

G: Meine Jüte, und ihr seid nun also die Krone meina Schöpfung.

A: Setzt dem Janzen zumindist die Krone uff, Gott. Ick krieg
schon wieda richtich Durst. Na, jedenfalls sind da jetze nur noch
Geldsäcke in die Schule, die denn späta ma, wat weeß icke, herrschen, oda so.

G: Na, muss ja aba nich sein.

A: Nee, muss nich sein, wahscheinlich isset aba schon.

G: Aba doch nur, wenn ihr dit zulasst.

A: Du bist mir jut, Gott. In unsre alten Klasse sind zwee Kassie-
rerinnen, een Schuhmacha, 'n abeitslosa Klempna, zwee Kom-
pjutaheinis, icke, denn noch 'n Lehra undsoweita, undsoweita.

Wat solln wir denn bitteschön ausrichten jegen die. Die ham doch garantiert Sekjuritie da bei sich inne Kadaschmiede stehn, an'n Schultor.

G: Ick mein ooch nich eure Klasse alleene.

A: Inne A und inne C siehts nich ville andas aus, Gott, die ham soja noch eenen mitten Klumpfuß dazu.

G: Ick mein ooch nich eure Schule alleene.

A: Wen meinste denn sonst? Wartte ma, du meinst jetz aba nich, willst du uns etwa uffhetzen, Gott? Na klah willste uns uffhetzen, wa? Du willst, dit wa wieda 'ne friedliche Rewolutjon machen, bloß diesma nich janz so friedlich, sehick dit richtich?

G: Ick ...

A: Du willst, dit ma Autos anzünden und die Schaufenstascheiben von die Kleidabutiken kaputtschmeißen, und denn solln wa vamutlich ooch noch die janzen neuen Bonzen anne nächsten Laterne uffknüppen, oda?

G: Quatsch.

A: Sach nich Quatsch!

G: Na hör ma, ick sag so oft und so ville Quatsch wie mir dit passt!

A: Jedenfalls ham mich die meisten ooch nich akannt.

G: Bei de Randale?

A: Bein Klassentreffen.

G: Ach, da meinste. Schön.

A: Findick ja ooch. Ick mag die ja, die Anonümität vonne Großstadt. Keena kennt een. Man kann unakannt übaall rumspaziern. Wemman ma Kaujummipapier wegwürft, kiekt keena hin, weil man sich sowieso nie wieda übans Weg looft, is schön, beruhigend.

G: Merkt man.

A: Wahst du denn schon ma ..., ach nee, stümmt, du wahst ja nie inne Klasse, wa?

G: Ick wah alleene, imma.

A: Traurich, einklich.

G: Als Gott, mein Schicksal.

A: Tschüss Gott.

G: Tschüss du.

Zwiegespräche mit Gott | *heute: Dehydrierung*

A: Na Gott.

G: Na.

A: Mein Wecka is stehn jeblieben.

G: Sach bloß.

A: Bloß.

G: Batterie alle, oda wat?

A: Und dit, Gott, woick doch mitten Zuch fahn musste.

G: Ja, die Eisenbahn. „Tuff, tuff, tuff, die Eisenbahn, wer will mit zur Oma fahn ..."

A: „... alleine fahren mag ich nich ..."

G: „... da nehm ich mir ..."

A: Ick hatte aba Glück in' Unglück, Gott.

G: Haste zur Religjon jefunden?

A: Nee. Obaleitungsschaden.

G: Selich sind die geistich Armen.

A: Ick hatte 'n netten Schaltafritzen, Gott. Der hat „Obaleitungs- schaden" uff meinen Fahschein ruffjeschrieben und dadurch denn konntick, mit den eigentlich ja abjeloofenen Fahschein, trotz- dem noch nach Berlin zuckeln.

G: Ein Wunda!!!

A: So würdick dit jetz ooch wieda nich nennen, aba zumindist selten ja, in diesa Zeit.

G: Haste dir seinen Namen jemerkt?

A: Nee. Ick wah so froh, Gott. Ick hatte ja Koppschmerzen.

G: Vor Frohheit?

A: Vor allen, weilick zu wenich Wassa jetrunken hatte.

G: Dehüdrierung.

A: Jenau. Dit ooch. Ick musste ja jestan noch abeiten. Oda, könnte ooch sein, dit wah wat in meinen Bier.

G: 'ne Fliege.

A: Nee. Wah zu kalt für Fliegen.

G: Deswejen biste ja ooch mitten Zuch.

A: Jenau. Sag ma Gott, jetz is doch hier die Bankenkrise, wa, und, ick meine, ick hab ja nu nich unbedingt Aktjen oda Schatzbriefe oda sowat, aba immahin habick, ick muss ja ooch an meene Zukunft denken, habick ja deswejen mir ma 'n Konto einjerichtit.

G: Kiek an, so eena bist du!

A: Jenau. Weil, man kann ja nie wissen und deswejen wolltick dich jetz ma fragen, wat du dazu meinst, oppick dit jetz, wejen die Bankenkrise, oppick da jetz mein Konto hier, oppick dit villeicht ufflösen sollte und lieba in Öl inwestiern oda in Wassa.

G: In Wassa?!

A: Wassa würd knapp, Gott. Noch issit billich, aba dit steigt in seinen Wert, da kannste jeden Experten fragen. Wenn de dir jetz einen Riesenhaufen Wassa zulechst, ja, denn biste ein jemachta Mann, denn, späta, wenn die große Wassaknappheit einsetzt.

G: Wie bist du denn druff?!

A: Ick muss an meene Zukunft denken, Gott. Ick kann ja nich allit nur den Staat übalassen, wo käm' wa denn da hin? Stichwort: Eigenvaantwortung!

G: Stichwort: Bleib ma uffen Teppich, Kunde! Wassa is für alle da und zwah umsonst!

A: Noch.

G: Nich noch.

A: Doch noch. Dit würd bald unjeheua teua, Gott, wenn die große Wassaknappheit einsetzt, nämich, denn würste als normala Mensch dir kaum noch dit leisten können, dit Wassa. Denn wern die einfachen Mitbürgas sich bequemen müssen, uff Tee umzusteigen, denn würd, und dit würd in nich allzu ferna Zeit passiern, Gott, denn würd ein Latte Macchiato, ja, billija sein als wie ein stinknormala Eiswürfel.

G: Ick …

A: Is ja lediglich Wassa, so'n Eiswürfel, lediglich Wassa is dit ja, jefrorenet Wassa.

G: Ick hab dafür jesorgt, dit Wassa werde und ick werd ooch weitahin dafür sorgen, dit Wassa is. Basta! Dit würd sich eura Macht entziehn, dit Wassa. Dit würd ooch in Zukunft von oben kommen, von'n Himmel her.

A: Sicha, Gott. Nur dit der Mensch Mittel und Wege finden würd, um dit zu reguliern, wat von oben kommt. Kiek ma, dit jibt ja schon Raketen, die se inne Wolke schießen und denn vadampft die, die Wolke.

G: Du vadampfst ooch glei.

A: Bald würste Wolken koofen können, Gott, in'n Intanet, oda 'n janzet Tief glei. Wenn de die Kohle hast, kannste dir 'n janzet Tief koofen, da, in'n Intanet und dit wochenlang abregnen lassen üba dein' Jahten.

G: Ick rats dir in'n Juten: Hör uff zu saufen!

A: Wennick erstma Wassamilljardär bin, Gott, denn kannick so ville saufen, wie ick will.

G: Tschüss, missratenet Produkt.

A: Tschüss Gott. Ach ..., Gott?

G: Ja?

A: Bein Jirokonto, wemman da in'n Minus is, kamman dit denn einklich ooch ufflösen?

G: Mit Salzsäure, bestümmt.

Zwiegespräche mit Gott | *heute: Der frühe Vogel*

A: Na Gott.

G: Na.

A: Na, die Krise jut übastanden?

G: Welche Krise?

A: Finanzkrise, Lebenskrise, Sinnkrise, such dir eene aus.

G: Mir jehts jut.

A: Prima Gott, denn brauchick mir ja keen abkrampfen und frag einfach graderaus, früsch vonne Leba weg, ob de villeicht den Weihnachtsmann spieln könntist, bei uns?

G: Den ..., wat?!

A: Den Weihnachtsmann, Gott. Rota Mantel, rote Mütze, weißa Baht, Sack uffen Rücken.

G: Weihnachten is längst vorbei, Scholli!

A: Huch!

G: Weihnachten is an'n 24. Dezemba, 24. Dezemba plus folgende.

A: Folgende?

G: 25., 26. ooch noch. Oda biste 'n Russe?

A: Wejen die kurzen Haare, meinste?

G: Wejen den Termin.

A: Ich bin keen Russe, Gott. Ick kann zwah Russisch, habick inne Schule jelernt, Dostoprimelschatjelnosti, kennste Dostoprimelschatjelnosti, Gott?

G: Och, nich schon wieda.

A: Dit heißt Sehenswürdichkeit, Gott. Dostoprimelschatjelnosti heißt schlicht und einfach Sehenswürdichkeit.

G: Ick weeß, du Fremdsprachenjenie. Trotzdem wärt sicha anjenehma für deine Familje, wenn de neben deinen kosmopolitischen Angajmang ooch ma ab und zu uffen Kalenda kieken würdist.

A: Ick weeß doch dit Weihnachten vorbei is, Gott. Habick dir mit anjeschummelt. Aba, kiek ma, bald is ja nu ooch dit Jahr schon wieda um und eildiweil ick ja letztet Jahr ordentlich wat zu hörn jekricht hab von die Bagaje daheim, weilick erst so spät mir jekümmat hab und die Jeschenke außen Spätkoof, ick sag ma so, nich jeden hundatprozentich zufriedenjestellt ham, da willick diesma ebend mit juten Beispiel voranjehn und mir rechtzeitich uff de Socken machen, denn, was du heute kannst besorgen, dis vaschiebe nich auf morgen.

G: Karl Marx?

A: Lenin.

G: Hatta ausnahmsweise ma recht jehabt, der alte Wachszwerg. Ick nämich spiel uff jakeen Fall den Weihnachtsmann bei euch.

A: Och komm, Gott.

G: Nee.

A: Och komm. Mach ma, Gott.

G: Nee, machick nich.

A: Och Gott. Liegt bestümmpt daran, ditte dit mit deine Religjon nich vaeinbaren kannst, wa?

G: Dit hat mit meine Religjon übahaupt nüscht zu tun. Außadem habick dir schon tausendma jesagt, dittick keene Religjon hab. Ick bin Gott, Religjon is wat für euch Menschen!

A: Biste etwa Antiamerikana?

G: Hallo?!

A: Weil der doch aus Amerika kommt, der Weihnachtsmann. Aus den US-Teil von Amerika. Der is doch von Coca-Cola afunden worden, deswegen is der ooch so rot-weiß und deswejen dachtick, du könntist ...

G: Ick bin jenausowenich Antiamerikana, wieick Antichinese, Antisachse oda Antihellasdorfa bin.

A: Schade, Gott. Sonst hättick nämich ne weinrotweiße Mütze für dich jehabt und 'n weinrotweißen Mantel und 'n grüna Baht hätt' sich schon ooch noch jefunden.

G: Ein grüna Baht?!

A: Grün is die Fahbe des Islams. Und die sind doch ooch jegen Amerika.

G: Aba sonst haste noch alle Knöppe anne Zieharmonika.

A: Wennde mit Knöppe Ideen meinst, Gott, habick. Jede Menge soja.

G: Jehn dir bloß imma kurz vor Weihnachten aus, wa?

A: Deswejen binnick ja diesma so früh aus de Startblöcke je-schnellt, der Herr.

G: Kleena Tipp. Frag ma die Tüpen, die immas vor de Kaufhalle sitzen.

A: Willste, dittick wieda alleene durchs Leben stolpan muss, Gott? Willste dit?!

G: Ick bin lediglich sozjal einjestellt.

A: Tschüss Gott.

G: Tschüss du.

A: Ach ..., Gott?

G: Ja?

A: Zu Ostan? Ostahase? Wie siehts damit aus?

G: Vajisset!

A: Na Gott.

G: Na.

A: Na, ick rieche ihn förmlich, den Somma.

G: Müllabfuhr wah grade da.

A: Ürgendwie gloobick, Gott, dit würd doch allit jut, jetz wejen die Krise, meinick.

G: Die Krise würd vajehn, denn jehts wieda uffwärts, bis denn die nächste Krise kommt.

A: Züklisch meinste?

G: Ick mein, es jeht runta bisset wieda ruff jeht, wulgo umjekehrt.

A: Weeßte wat, Gott, dit Karl Marx und du, dit ihr euch ziemlich ähnlich seid, wat die Sicht uff den Kapitalismus betrifft, zumindist. Ihr seid da keen bisschen romantisch druff, beede nich.

G: Ick kenne keen Karl ..., wie hießa glei?

A: Marx, Gott, Marx.

G: Den kennick nich. Wat der wie, wo, wann jesagt oda jedacht haben soll, kannick demzufolge schlecht beurteilen, wichtich würds wahscheinlich nich jewesen sein, sonst würdick ihn ja kennen.

A: Karl Marx, Gott, dit is der, der die Jesellschaftsordnung, die wa jetz grade ham, übawinden wollte.

G: Wie jesagt, ick kenn' den nich.

A: Kennste einklich Karl Sandhowe?

G: Nee. Wieso? Wer is dit jetz schon wieda?

A: Karl Sandhowe, ja Gott, ... den kennick ooch nich.

G: Fangfrage, oda wat?

A: Ach, ick hab ürgendwie dit Jefühl, als würde ürgendwat Schönit noch passiern, demnächst.

G: Die Kneipe macht bald uff.

A: Ach, Gott, ick mein wat richtich Schönit.

G: Meinste, dit so'ne wundaschöne Fee mitten Strauß Blumen uffen Kopp hier die Treppe hochjestürmt kommt und dir anfängt dit Jesicht abzuschleckan, sowat?

A: Dit wär schön, ja.

G: Villeicht kommste ja inne Pubatät?

A: Ick bin weit üba 40, Gott.

G: Zweeta Frühling?

A: Meinste? Stell dir dit ma vor, Gott, nochma die erste Liebe. Schüchtanit Händchenhalten, der erste vorsichtije Kuss, stundenlanget Schmusen in'n Hausflur und denn dit Ausziehn erstma, dit Fummeln und ..., man weeß soja schon wie't jeht.

G: Haste 'n Buch jelesen, oda wat?

A: Ach, ick find dit schön. Alleene die Vorstellung, ach, ürgendwie schön.

G: Sollick dir nich lieba 'n Topp kaltit Wassa üba 'n Kopp jießen, ditte zur Besinnung kommst?

A: Freu dir doch ma, Gott, dittick so schöne Jefühle hab. Dittick ma nüscht weita will als lediglich Zärtlichkeit.

G: Freuick mir ja ooch. Aba könntiste villeicht, wenn de ma wieda so'ne schönen Jefühle hast, in dein stillet Kämmalein kriechen, ja, und, wat weeß icke, Jedichte schreiben oda so. Jedichte, wo sich vielleicht Veilchen uff Weilchen reimt oda Flieda blühn uff niedaknien, obwohl, dit reimt sich ja janich würklich, ejal, Hauptsache du jehst den Allmächtijen nich mit dein' Jeseia uff die Eia.

A: Du reimst, Gott?

G: Aus Vasehn.

A: Findick jut. Solltiste ausbaun. Musst nich imma den haten Macka rauskehrn. Man würd nich glei ausjelacht, bloß weil man ma seine feminine Seite zun Vorschein treten lässt.

G: Karl Marx?

A: Icke.

G: Weeßte, musste vastehn, wemman schon so lange in den Je-
schäft is wie icke, wemman hat Zeiten kommen und jehn sehn,
Sintfluten, Saurias, Sturmstaffeln, wie se alle heißen und wie
se allet kaputtmachen, wat man uffjebaut hat, vorhers, soja sie
selba hat man ja uffjebaut, letzten Endes. Dit wat man uffjebaut
hat, macht dit kaputt, wat man ooch uffjebaut hat und man
weeß die Vaantwortung, die hat man zu allen Übafluss ooch noch
selba, denn ...
A: Du musst dit einfach ma vajessen, Gott.
G: Wat?
A: Na dit, allet.
G: Meinste ?
A: Ja. Jeh einfach raus, rutsch uff 'ne Kackewurscht aus, flieg hin
und lach dir kaputt dadrüba, ohne Grund.
G: Und wenn da keene Kackewurscht is?
A: Wir sind in Berlin, Gott.
G: Stümmt.
A: Tschüss Gott.
G: Tschüss du. Ach ..., du?
A: Ja?
G: Falls de doch noch vorhattest, inne Kneipe zu jehn, ja, fällt ma
grade ein, die hat zu heute.
A: Weltwürtschaftskrise?
G: Wetta, gloobick.

Zwiegespräche mit Gott | *heute:*
Wir packen an und schmeißen weg

A: Na Gott.

G: Na.

A: Na, Konjunkturpaket 3, Gott, sagt dir dit wat?

G: Ick spiel so 'ne Spiele nich.

A: Wat für Spiele?

G: Killaspiele. Sowat macht ma aggressiv und Aggressivität is nu würklich dit Letzte, wattick in meinen Job jebrauchen könnte.

A: Konjunkturpaket 3 is aba keen Killaspiel.

G: Strategiespiel?

A: 'ne Strategie vafolgtit schon, aba 'n Spiel sollit, laut die Vaantwortlichen zumindist, nich sein. Konjunkturpaket 3, Gott, is dit dritte Konjunkturpaket, wat die Bundesregierung von die Bundesrepublik Deutschland, kurz BRD jenannt, beschlossen hat. Dit soll die Würtschaft hier in Schwung bringen.

G: Inne Chorina? Du meinst, die wollen dit „Chorina Eck" wieda uffmachen? Dit hättick ja nich jedacht von die Regierung, dit begrüßick ja außaordentlich. Unjemein begrüßick dit. Da könntick ja fast in stehende Owatjonen ausbrechen.

A: Mit hier meinick in diesen Land, Gott.

G: Ach so.

A: Und mit Würtschaft meinick nich ne Kneipe, wo't ooch wat zu essen jibt, sondan dit Jesamtwesen, wat dit Bruttoinlandsprodukt schafft.

G: Ach so.

A: Intrissiert dir wohl nich so, wa Gott?

G: Ürgendwie nich, nee.

A: Solltit aba.

G: Warum?

A: Weilit wichtich is. Wenn hier, Gott, die Krise erstma richtich

kommt, ja, und dolla und dolla würd und die Würtschaft an'n
Boden liegt, denn würdit hier nämich erstma richtich schlümm,
denn jibs hier Mord- und Totschlach.

G: Jibtit doch so ooch schon. Wejen die Killaspiele nämich.

A: Gott, ick will dir ma wat sagen, ja, hör mir ma zu, wenn dit
Jemeinwesen hier zabricht, ja, weil zun Beispiel Opel keene Autos
mehr uff Halde produziern darf, ja, denn jehtit hier noch, aba
noch janz andas jehts denn hier zur Sache, denn loofen hier 80
Milljonen Tims Amok, denn ballan die sich alle jegenseitich
üban Haufen, denn brennt hier der Wald, denn ...

G: Hallo! Komm ma runta! Kannit sein, dit du unta Umständen
ein klitzekleinet Müh übatreibst?

A: Ick find dit jedenfalls jut, dit Konjunkturpaket 3.

G: Wat hamse denn da einjepackt in dieset Paket?

A: Siehste Gott, nun komma zun Kern der Jeschichte. Wat drin
is, dit is doch wichtich, und ick zumindist hab jehört, dit die Regierung dit mit diese Wegwerfautos janz jehörich ausdehnen
will, ooch nämich uff andre Sachen. Ick hab jehört, wenn de denn
'ne Kaffemaschine wegschmeißt, zun Beispiel, krichste 'n be-
stümmten Betrach übawiesen, wenn de 'n Toasta wegschmeißt
ooch, Fahrrad, Fernseha, Kleidaschrank, kannste allit wegschmeißen und krichst Jeld dafür.

G: Für't Wegschmeißen?

A: Is doch cool, oda?

G: Äh ..., warum? Für wat soll dit jut sein?

A: Na, musst dir natühlich ooch wat Neuet koofen, denn.
Schmeißte den alten Toasta weg, koofst dir 'n neuen. Schmeißte
den alten Fernseha weg, koofst dir 'n neuen. Schmeißte den
alten Schlüppa weg ...

G: ... koofst dir 'n neuen, ja. Habick vastanden. Und?

A: Und dafür krichste Jeld noch, vonne Bundesregierung. Von
unsre lieben Bundesregierung krichste da soja noch Jeld für.

G: Aba ...

A: Du willst jetz sicha fragen, Gott, woher dit Jeld dafür kommt, wa?

G: Eigentlich wolltick ...

A: Dit würd jedruckt, Gott. Dit Jeld würd schlicht und einfach jedruckt. Dit is ja keen Problem heutzutaje. Für't Jelddrucken jibs heutzutaje Druckmaschinen, Jelddruckmaschinen, die schmeißt man an, wemman Jeld haben will und wemman jenuch hat, schmeißt man die wieda aus. Müssen se ebend ma 'n Stündchen länga abeiten, die fleißijen Heinzelmaschinchen.

G: Aba is dit nich ...

A: Türlich is dit schlecht für die Umwelt, da haste schon recht, Gott, aba jut, ick meine, musse ebend ma 'n bisschen waten, die Umwelt, bis wa se wieda saubamachen könn'. Ick meine, wir ham schließlich 40 Jahre lang jewatet, bis wa uffen Auto nich mehr zehn Jahre waten mussten.

G: Du hast doch jakeen Führaschein.

A: Ebend, Gott, ebend. Wir müssen jetz erstma außen Gröbsten raus, mitten Konjunkturpaket 3 nämich, und denn, Gott, denn könn' wa uns ooch den Luxus alauben, die Umwelt saubara zu machen oda anne Armut inne Welt zu denken.

G: Daran gloobst du?

A: An ürgentwat muss man doch glooben, Gott. Tschüss Gott.

G: Tschüss du. Ach ..., du?

A: Ja?

G: Sei ma so jut, mach mir ma 'n bisschen Hoffnung und sag ma bitte, ditte dit nich ernst meinst.

A: Weil du'it bist, Gott. Tuick nich.

A: Na Gott.

G: Na.

A: Na, ick mach ja diesma nüscht, Gott, zun Herrentach.

G: Damitte fit bist, für die Wahln, ja?

A: Für welche Wahln?

G: Na, ihr wählt doch jetze hier euan Könich.

A: Unsan Könich?

G: Na, wat weeß icke, Könich heißta nich mehr, der, sach schon, der imma sacht, wat richtich is.

A: Uli Wickat? Der würd nich jewählt, Gott. Der is nur so da. Hier in diesen Land, dürf ja jeda allit sagen, solange wie sich dit in'n Rahmen vonne Vafassung bewegt, zumindist.

G: Wat bewegt sich denn außahalb von'n Rahmen vonne Vafassung?

A: Menschenvaachtendendit, Gott, oda der Uffruf zun jewaltsamen Umsturz.

G: Du hast doch aba ooch schon ma zun jewaltsamen Umsturz uffjerufen.

A: Icke? Kann nich sein, Gott, da ürrste dir.

G: Ick bin Gott.

A: Ja.

G: Ick ürre ma nie.

A: Wann soll dit denn jewesen sein?

G: Wann? Wennick ma recht ainna ..., na, zehn Jahre issit bestümmt schon her. Weeßte noch, wie wa vor zehn Jahre in'n Septemba vor'n Spätkoof jestanden ham?

A: Wartte? Nee, fällt ma grade nich ein. Hilf ma ma uff de Sprünge, Gott.

G: Wo sollick anfassen?

A: Sag ma wat zu den Tach, wah der Himmel blau, blökten

Schafe inne Ferne, wat hattick an?

G: Lila Nicki hattiste an, Karottenhosen außadem, grüne Karottenhosen und 'ne modische Mütze, so eene, wie se die jungen nordamerikanischen Männa imma uffsetzen, die in'n Fernsehn imma so Sprechjesang machen, so'ne Mütze trugste uffen Kopp, allahdings vakehrtrum ...

A: Moment ma, Gott!

G: Ick weeß, ick weeß, manche ainnan sich nich jerne zurück an die Zeiten, is mir schon klah.

A: Ick hatte niemals ein lila Nicki an!

G: Du hattist ein lilafarbenet Nicki an, selbstvaständlich, und pinke Stiefelletten trugste.

A: Stiefelletten.

G: Allahdings Stiefelletten. Ick hab ja ooch bei mir jedacht: „Ach du grüne Neune", habick bei mir jedacht, „hallelujah", dachtick bei mir, „wie scheiße sieht der denn aus, jeht ja janich. Hat der denn keen Spiegel in'n Haus?" „Aba jut", habick mir weita jedacht, „villeicht hatta dit ja nich nötich jut auszusehn, villeicht besitza ja ein unglaublich stabilet Selbstbewusstsein ..."

A: Du musst ma vawechseln, Gott, eindeutich musst du ma vawechseln. Stiefelletten, ja, Stiefelletten habick nie und nimmas, in meinen Leben nie hattick Stiefelletten an!

G: Du willst dich nich ainnan an die Zeit, wa? Du hast die Zeit komplett aus deina Ainnerung jelöscht, wie so ville andere, die inne Waffen-SS wahn, zun Beispiel, oda bei de FDJ.

A: Jenau, Gott. Jetz vagleich du mir ma wieda mitte Waffen-SS. Ick hab damals noch nich jelebt, Gott. Icke nich!

G: Ick aba.

A: Ebend.

G: Falls de mit deinen „ebend" uff ürgentwat hinaus willst, ick hab jeschlafen damals, die janze Zeit üba.

A: Hmm.

G: Nich hmm.

A: Doch hmm, haste Zeugen?

G: Ick bin Zeuge und zwah dafür, dit du vor zehn Jahre, vor'n Spätkoof stehend, zun jewaltsamen Umsturz uffjerufen hast, mein Lieba.

A: In pinkfarbenen Stiefelletten?

G: Allahdings. „Rewolutjon" haste da jeschrien, „Rewolutjon!" und mir denn mit Bier bespritzt. So wah dit.

A: Nu würd mir einijet klah, Gott. Ick hab dit satirisch jemeint, damals.

G: Ach, wenn du mit Bier spritzt, issit Satire, ja? Weeßte, wie ville Waffen-SS'la damals mit Bier jespritzt ham?

A: Ick denke du hast allit vaschlafen?

G: Habick jelesen, inne Zeitung.

A: Und in welche Zeitung, in'n „Völkischen Beobachta"?

G: Wen wählste denn nu an'n Sonntach?

A: Ick dürf da janich wähln, Gott.

G: Wejen deine Vagangenheit?

A: Wejen meine Stiefelletten, jenau. Und weil der Bundespräsident vonne Bundesvasammlung jewählt würd, wo nur Politika und von die Politika ausjesuchte Prominente drinsitzen. Dieta Bohlen zun Beispiel und Heinrich Heine.

G: Is Heinrich Heine nich längst tot?

A: Is 'n andra Heinrich Heine, Gott. Is nich der Schriftstella Heinrich Heine, is nur dit Toppmodell gleichen Namens.

G: Ach so.

A: Tschüss Gott.

G: Tschüss du, ach ..., du?

A: Ja?

G: Wen hättste denn jewählt, wenn de hättest wähln könn'?

A: Wen, Gott? Sehr wahscheinlich die Kassiererin aus unsre Koofhalle. Die, die schon so fertich aussieht, in'n Jesicht.

Zwiegespräche mit Gott | *heute: Das Hintertürchen*

A: Na Gott.

G: Na.

A: Ick muss bei mir den Kella ausräum', Gott.

G: Hamse Krieg anjesagt?

A: Nich dissick wüsste. Nee, bei uns der Kella, der is dermaßen voll mit Jerümpel, brauchste villeicht wat, Gott?

G: Du meinst, oppick Jerümpel brauch?

A: Is doch nur der Obabegriff für. Da liecht allet Mögliche in den Kella rum. Wat weeß icke, Demonstratjonsschülda, Betten, Türen, Eima, Leitan, 'n Haufen Zeuch eben. Brauchste?

G: Zeuch?

A: 'ne Leita zun Beispiel, denn kommste bessa oben ran.

G: Zun Glück binnick uff so 'ne Hilfsmittel noch nich anjewiesen, nee, lass ma, ick bin noch janz fit in'n Schritt für mein Alta, ick komm schon noch übaall hin, woick hin will.

A: Fit in'n Schritt?

G: Redensart.

A: Ick weeß, aba normalaweise heißt dit wat janz wat anderet, als dit, wat du damit sicha ausdrücken willst, Gott. Kannste dir vorstellen wat?

G: Wer is einklich bessa, Märeia Kärej oda Leona Luis?

A: Häh?!

G: Binnick jefragt worden. Kam in so'n Jebet vor, von so'ne Jungsche, die jetz neu is bei uns, und ick hab den vagen Vadacht, die will ma testen, oppick ooch würkich allet weeß.

A: Und ick soll dir jetz dabei helfen, dit so'n armet Würstchen uff den Ürrweg der Religjon jerät?

G: Ick würd ooch wat von dein' Jerümpel nehm'.

A: Nüscht, Gott. Uff so'n Kuhhandel lassick ma nich ein. Eua Opjum, dit müssta schon alleene vaspritzen.

G: Du imma mit deine Idjologie.

A: Wat für 'ne Idjologie?

G: Na, hier dein ... Atheismus.

A: Also, erstens bezeichnick ma nich als Atheist, sondan als Agnostika, jut, druff jeschissen, aba zweetens, wat is denn an nich religjös sein idjologisch?

G: Na, dit ihr so fundamental seit. Dit ihr mich einfach ablehnt. Dit ihr einfach behauptet, dittit mich nich jibt. Übahaupt nich. Janich. Keen kleenet bisschen.

A: Würdiste dit denn bessa finden, Gott, wenn jemand behaupten würde, dittit dich zwa jibt, aba nur 'n kleenet bisschen?

G: Aba sicha. Sicha würdick dit bessa finden. Is doch bessa als nüscht. Is doch ein ersta Schritt immahin.

A: Siehste Gott, und diesen ersten Schritt, den binnick soja noch bereit zu jehn, den machick. Ick akenne hiermit an, dissit dir jibt. Ein kleinet bisschen jibtit dir. Jenauso wie't ooch mich ein kleinet bisschen jibt. Uns jibs. Beede. 'n Bruchteil vonne Weltjeschichte jibs uns. Da sind wa da und denn, schwuppdiwupp, sind wa wieda weg. Vastehste? Du bist für mich Gott. Mein Gott. Mein Kumpel Gott. Mein Kumpel Gott, aus de Chorina Straße 61, aba du bist nich der, für den du dir hältst, der biste nich. Nich für mich, jedenfalls. Da gloobick nich dran. Die restlichen Schritte, die du wahscheinlich noch awatest, die werdick zu deinen Leidwesen wohl nie bereit sein jehn zu können.

G: Und wennick jetz 'n Wunda jeschehn lasse?

A: Denn jibs dafür garantiert 'ne naturwissenschaftliche Aklärung.

G: Und wennick jetz Karl Marx höchstpasönlich hierherzauba und der schwört dir Stein und Bein, dittick der Allmächtije bin?

A: Denn solltistit ma mitten Solo-Programm vasuchen, Gott, wattick mir aba unta Garantie nich ankieken werde, weilick so'n Klimbim nämlich ablehnend jejenübastehe.

G: Keene Schongs?

A: Dit is ebend der winzije Untaschied, Gott, von'n Atheisten zun Agnostika. Der Agnostika, der lässt sich ein Hintatürchen offen, der jeht wissenschaftlich an die Sache ran, der sagt: den Beweis eina Nichtexistenz, den gibt es nicht, folglich ist sie wissenschaftlich auch nich awiesen.

G: Keen Wunda, dit wieda mehr Leute an mich glooben, dit vasteht ja keen Schwein.

A: Schweine sind janich ma so doof wie man denkt, Gott. Tschüss Gott.

G: Ebend. Tschüss du.

A: Na Gott.

G: Na.

A: Weeßte, wat ma uffregt, Gott?

G: Wat denn?

A: So Wörta, manche Wörta heutzutage, die regen ma uff.

G: Ja, ja, die Halbstahken meinste, wa? Aba lass ma, die wahn schon zu alle Zeiten so. Schon imma. Mann, Mann, Mann, ick kenn dit: „Du Kacke, du Scheißekacke, ick kotz dir glei in deinen Scheißeahsch, du Kotze!" Dit bleibt imma ditselbe. Dit wah schon so, als die Halbstahken noch mit Fell uff de Zähne daher-jeritten kamen, uff ihre Mammuts, da wah dit ooch schon so. Schlümm is dit, schlümm, ick weeß.

A: Ick mein aba keene Halbstahken, Gott.

G: Ja, leida mir in'n Genitiv, sind einije Awachsene ooch nich ville bessa. Wahscheinlich denken se, dittit modern is. Die wolln ja alle modern sein, heutzutaje. Bohrn sich Stahlträja durch de Backe, weeßte, ziehn sich Hosen an, als hätten se einjekackt und so reden se denn ehmd ooch daher. Habick erst neulich wieda jehört, hier, inne Schwedta, ein ..., na, 40 würda mindestens je-wesen sein, und denn sagt der doch an'n helllichten Tage, sagt der doch da: „Scheiße" und nich etwa leise, nee, wo denkste hin, laut hat der dit jesagt, laut, um nich zu sagen sehr laut.

A: Is villeicht in wat rinjetreten, Gott?

G: Ach wat! Und außadem, wat issen dit für'n Grund?! Is doch keen Grund is dit, sich so zu benehmen! Macht der dit zuhause ooch, fragick mir manchmas!? Ick meine dermaßen inne Öf-fentlichkeit mit Kraftausdrücke um sich zu werfen, dit is doch, mit Valaub jesagt, scheiße is dit und dit in den Alta, hör ma!

A: Äh, Gott?

G: Ick weeß, aba wir sind ja hier ooch nich inne Öffentlichkeit.

A: Wie man's nimmt.

G: Der muss doch ma an seine Vorbildwürkung denken, diesa Vollidjot, der! Ick mein, dit hört nachher, weeßte, drüben uff de andan Straßenseite, hört dit nachher noch ürgend 'n Kindajahtenkind, 'n unschuldijit, und denkt denn „Scheiße" wär 'n vollkomm' normalet Wort, bloß weil diesa Kackvogel seine beschissene Kackfresse nich halten konnte! Tschuljung, aba is doch wah.

A: Mich, Gott, regen ja eha andere Wörta uff.

G: Ick weeß, jibs noch andere, viel Sexuellit, Schwanzlutscha, Votze, Ahschficka, habick uffen Schürm, musst nich denken, dit, weil der liebe Gott schon wat älta is, der sich nich auskennt, damit. Ick bin abtudeet. Kannste von ausjehn. Ick bin onlein.

A: Bezweiflick nich und will ooch janich weita in dich dringen, wo du dir so rumtreibst, Gott, bei deine Recherchen ...

G: Mach ma, kannste ruhich.

A: Nee. Is deine Priwatsphäre, weeßte. Nachher werdick noch rot oda krich Schluckuff.

G: Schluckuff?

A: Die Wörta, die mir uffregen, sind uff alle Fälle andre, Gott. Keen Sex, keene Exkremente.

G: Wat Neuet?

A: Neu? Weeß nich. Kann sein, dittit so'ne Wörta schon imma jejeben hat, ick find allahdings, die treten jetz besondas jeballt uff, Wörta wie Gutmenschen, Bessavadienende, Leistungsjesellschaft, Migratjonshintagrund, antiwestlich, Prekarijat, Globalisierungsvaliera, reformorijentiert, Altasteilzeit und, und, und, sowat meinick. Dit reecht ma uff. Dit bringt ma uff de Palme.

G: Echt? Staunick aba. Du würdist also, wenn da jetze, sagen wa ma, so'ne Flitzpiepe ankäme und dir, sagen wa ma, um 'ne Zichte anschnörrte und du „Nee" sägtest, weil er erst, sagen wa ma, fünf is, und er denn aba, nur ma anjenommen, dir beschümpfen tät, mit „Voll der reformorjentierte Bessavadienende biste", denn würdest du dir uffregen?

A: Hmm.

G: Nich dein Ernst, oda?

A: Doch, Gott. Weil diese Worte nämich vaschleian und sowat hassick. Wat heißt denn bitteschön Migratjonshintagrund, wat bedeutit denn antiwestlich, wat soll denn so ein Bessavadienenda sein?!

G: Eena, der mehr vadient?

A: Mehr als wer?

G: Als ... der Durchschnitt?

A: Jut. Mag jetz villeicht noch anjehn. Trotzdem is dit scheiße, dit Wort.

G: Hmm.

A: Ick muss los, Gott.

G: Hmm.

A: Tschüss Gott.

G: Tschüss.

A: Ach, Gott?

G: Ja?

A: Du hast doch diesit Zentralorgan der Schlechtmenschen bei dir in'n Flur zu hängen. Dürftick da ma 'n Blick rinwerfen, bei uns zuhause issa nämich kaputtjejangen.

G: Oje, sieben Jahre schlechta Sex!

A: Meinste Gott? Na, bessa als nüscht.

Zwiegespräche mit Gott | *heute: Das Gerüst*

A: Na Gott.

G: Na.

A: Na, wat sagst 'n zu den Jerüst, Gott?

G: Wat für'n Jerüst?

A: Wat für'n Jerüst, wat für'n Jerüst! Vor de Charitee natühlich, dit Jerüst!

G: Ach so, dit Jerüst meinste.

A: Klah. Ick red' doch hier nich üba ürgendein Jerüst! Ick hab doch meene Zeit nich in Lotto jewonn'!

G: Ick doch ooch nich.

A: Ebend!

G: Wat is denn mit den Jerüst anne Charitee? Jibs Probleme? Stehtit etwa noch nich?

A: Stehtit noch nich? Machst du Scherze, Gott?! Dit Jerüst, dit is dit Problem!

G : Allit klah.

A: Wat, allit klah?

G: Na, dit Problem. Wir ham dit Problem jelöst. Dit Problem, wat dit Problem is.

A: Wir?! Icke ja wohl.

G: Du, jenau. Und dit Jerüst, dit is jetz also dit Problem, ja?

A: Da hamse Werbung dranjemacht, Gott, von außen.

G: Ein hässlichet Wort.

A: Außen?

G: Werbung. Es jibt kein hässlicheret Wort als wie Werbung, findick.

A: Also ick find ja ..., also Sünde findick ooch noch extrem häss-lich, oda ..., Buße, furchtbah, ein furchtbaret Wort, oda ooch Al-tahr, Altahr, wie dit schon klingt, Altahr ...

G: Willste ma prowoziern, oda wat?

A: Altahr, hör dir dit ma an, Gott, Altahr, dit klingt 'n bisschen, als würde so'n Jugendlicha Klischeegängstatürke stottan.

G: Stottan?

A: M-m-m mach ich dich M-m-m Messa, Altahr.

G: Ick lach ma tot.

A: Ja, lustich, wa, aba 'n Scheiß-Wort. Altahr, wie dit schon klingt.

G: Jing doch jetz aba um dit Jerüst, wennick ma richtich ainna.

A: Immahin, Gott, Kurzzeitjedächtnis funktjoniert noch. Ja, du hast recht. Und wie du dir noch weitahin ainnan kannst, hoffentlich, ham die da an dit Jerüst Werbung dranjebammelt. Werbung für Ford. Ford is eine Automahke, Gott.

G: Ick weeß. Die ham Pleite jemacht.

A: Noch nich, Gott. Sonst würden se ja ooch keene Werbung mehr brauchen. Wat du meinst is Opel. Die ham aba ooch nich pleite jemacht, weil unsere liebe Regierung denen nämich 500 tausend Milljonen Euro jeborgt hat.

G: Dit is ja nett von die Regierung.

A: Ja, wa? Damit se weita schön Autos baun könn', die Opel.

G: So wie Ford.

A: Jenau. Oda wie die janzen andan Autobaufürmen.

G: Ja, mit dem Auto, da habta euch schon wat richtich Schönit ausjedacht.

A: Brumm-brumm, Gott, brumm-brumm.

G: Ja, brumm-brumm.

A: Dit Problem von die Werbung an den Jerüst is ja bloß, Gott, dit da in die Charitee, hinta die Werbung, hinta den Jerüst, da liegen ja Menschen in die Zimma, Gott, Menschen, die krank sind und die jetz, wejen die Werbung, sterben.

G: Die sterben?!

A: Drastisch ausjedrückt. Undrastisch ausjedrückt nervt die dit, weil die wohl, wenn die Sonne scheint, denn sehn die da wohl, hinta die Plane, janüscht von die Sonne, denn is da wohl voll neblich in die Zimma und abends aba, wennit dunkel würd, denn würd die Werbung da immazu anjestrahlt denn, von so 'ne Strahla. Denn issit da taghell, in die Zimma.

G: Vakehrte Welt.

A: Du sagstit, Gott. Kann doch wohl nich sein, oda?

G: Müssen wa wat machen, eindeutich. Untaschriftenlisten, Mahnwachen, Fahrradkorsos, oda wartte ma, noch viel bessa, wir fordan einfach alle Menschen uff, um Punkt 20 Uhr eine Kerze in ihr Fensta zu stelln. Na, wat sagste? Denen wern wa Beine machen, sollst ma sehn, eine so mächtije Manifestatjon, die könnse einfach nich ignoriern, die da oben.

A: Wir sind nich mehr inne DDR, Gott.

G: Nee? Tut ma leid, meen Langzeitjedächtnis. Wie heißt dit Land jetze?

A: BRD. Ick hatte jehofft, Gott, dit du ..., du mit deine Möglichkeiten ... villeicht ...

G: Ick denke, du gloobst nich an mich?

A: Ick bin Agnostika, Gott. Ick lass ma jerne übazeugen.

G: Du scheinst dit Janze hier mit einen Zirkus zu vawechseln, Sportsfreund. Ick bin doch keen Zaubara!

A: Biste nich Gott, wa. Schade einklich. Tschüss Gott.

G: Tschüss du.

A: Ach, Gott?

G: Ja?

A: Jewalt? Jewalt magste nich so, wa?

G: Nee. Also ... normalaweise nich, nee.

A: Na Gott.

G: Na.

A: Na, kennste 'n Klawierstümma?

G: Wat isset denn für'n Klawier?

A: 'n Holzklawier.

G: 'n altit?

A: Is von meene Olle, steht schon seit fünf Jahre in unsre Butze, aba vamutlich isset noch älta, schätze ma 17. Jahhundat.

G: 17. Jahhundat?

A: Oda achzehntit. Uff jeden Fall sind da so Schnörkel an den Klawier, damit man völlich in den Wahnsinn jetrieben würd, bein Staubwüschen. Deswejen habick ooch meene Olle jesacht: „Olle", habick jesacht, „dit Ding muss raus, dit stört, dit fängt Staub und spieln tut ooch keena mit, weil bei uns jakeena spieln kann, außa der Große, an'n Kompjuta, aba dit zählt nich", und da will sie jetz ebend 'n Klawierstümma besorjen, damit denn eena spieln kann, mit.

G: Na ja. Is doch jut.

A: Nüscht is jut. Weeßte, wie ville so'n Klawierstümma kostit?

G: Nee. Sag ma.

A: Man, ick weeß dit doch ooch nich! Aba billich is dit garantiert nich. Sind doch allit Halsabschneida heutzutaje, hier, wenn de zun Beispiel Staubsaugabeutel koofst ..., haste schon ma Staubsaugabeutel jekooft, Gott?

G: Also, ick ...

A: Oda bein Frisör, oda bein Zahnahzt erstma! Ey, wat hat ma neulich die Eene aus de Koofhalle azählt? Die musste doch tatsächlich für so'ne lächaliche Krone oda Brücke, oda wah't 'n Stiftzahn? Ejal, jedenfalls musste die ihren jesamten Monatslohn da hinblättan. Dit musste dir ma vorstelln, Gott.

G: Wie ville vadient se denn?

A: Dit fragst du noch, Gott?! Liest du denn jakeene Zeitung?! Ey, als Koofhallenschubse, ja, ey, dit kannste voll vajessen, ey, dit is zu ville zun Sterben, aba zu wenich zun Leben, is dit.

G: Also nich ville.

A: Wat?

G: Sie vadient nich so viel.

A: Nich so viel, nich so viel! Einen Dreck vadient sie, einen Hungalohn ..., umjerechnet villeich drei Staubsaugabeutel sind dit. Kannste dir dit vorstelln, Gott? Kannst du dir vorstelln, an'n Monatsende mit drei Staubsaugabeutel nach Hause zu jehn?

G: In'n Moment nich, nee.

A: Siehste! Aba sie tanzt jeden Monat uffs Neue mit so wenich in'n Klingelbeutel zuhause an und muss ihren Kindan denn, die sie mit traurigen Augen aus vom Hunga jeblähten Körpan anstarrn, aklärn, dittit ooch diesen Monat wieda keen Brot jeben würd, weil so ein Scheiß-Zahnahzt allit für so'ne lächaliche Plombe haben will!

G: Kann dit sein, dit du gerade ein wenich dramatisierst?

A: Ja, natühlich. Ick dramatisiere ein wenich. Ick spitze die Lage ein wenich zu. Ick übazeichne die Situatjon, trage uff, übatreibe. Aba hast du dir ma jefragt, Gott, warummick dit tue?

G: Warum tust 'n dit?

A: Na, warum wohl?

G: Ja, warum, fragick ja grade.

A: Na, weil dit Sistem so is, Gott! Wenn de hier, in den Sistem, ja, bei die Frage, wie ville de in'n nächsten Jahr vadien' willst, sagen würdest, wat weeß icke, zehn Euro mehr, oda so, ja, denn würden se dir den Lohn kürzen, so siehts doch aus! Oda wenn de sagst, andret Beispiel, du hast keene Lust druff, dit an'n Kindajaten von deine Tochta 'ne Autobahn jebaut würd, denn klotzen se dir nich nur die Autobahn dahin, sondan ooch noch 'n Atomkraftwerk und 'n Intanatjonalet Raumfahtzentrum übadies.

G: Wann wah dit einklich noch ma jewesen, vor wie ville Jahre seid ihr damals aus Baikonur hierherjezogen?

A: Haha, Gott. Dit issen Beispiel ..., wah dit.

G: Weeßick doch. Du awähntest aba vorhin, dit ihr 'n Klawierstümma sucht. Villeicht könntick mir dit jute Stück ja ma ankieken.

A: Kannst du dit denn?

G: Ick bin Gott.

A: Ja, aba mich würde interessieren, ob du Klawiere stümmen kannst.

G: Ick habs noch nie probiert, aba wennick an mir zweifeln würde, wärit ziemlich schlecht bestellt um diese Welt.

A: Wattit ja so zun Glück nich is.

G: Dir fehlen ebend die Relatjonen, Sportsfreund.

A: Tschüss Gott.

G: Tschüss du.

A: Ach Gott?

G: Ja?

A: Zu welchen Zahnahzt jehst du einklich?

G: Meina is jestorm, mein letzta, leida. Is aba schon lange, lange her.

A: Na Gott.

G: Na.

A: Ick kann dir sagen, ja, ick sollte ja heute meene Lohnsteuakahte außen Jahr 2007 raussuchen, ja, für so'n Amt, Amt für Vafassungsschutz, oda wat weeß icke. Jedenfalls wollten die dit Ding ham, weil sonst hättick da wohl ürgendwie Jeld bezahln müssen, oda so, ick vasteh den Zusammenhang ooch nich, jedenfalls solltick die innen Briefumschlag vapackt denen schicken und ick such und such, weeßte, und find die nich und denn, deswejen habick ..., hast du einklich schon ma alle deine Papiere vabrannt, Gott?

G: Du hast doch nich etwa ...?!

A: Habick nich, nee. Dit Streichholz is nassjeworden, von die Tränen, von die Wut, von mir. Aba dit wah nich meine Frage.

G: Bei mir würde dit janich jehn.

A: Sind deine Streichhölza ooch alle nassjeworden?

G: Ick hab keene Papiere.

A: Du hast ...? Türlich hast du Papiere, Gott.

G: Habick nich.

A: Aba selbstvaständlich hast du Papiere! Musste nur ma suchen. Haste vaschlampt wahscheinlich, kommste janz nach mir, augenscheinlich.

G: Vorsicht Piepel!

A: Na hör ma Gott, wie redest du denn mit mir?!

G: Wah nur 'ne Warnung.

A: Na hör ma, wie lange kenn' wa uns jetze?!

G: Sag?

A: Na, weeß ick doch nich. Aba bestümmt schon janz schön lange. Ick dachte, ick bin dein Freund, Gott.

G: Biste doch ooch.

A: Und wat sollte dit denn ehmd, mit Piepel, hä?!

G: Is mir rausjerutscht.

A: In letzta Zeit rutscht dir janz schön häufich ma wat raus, kann dit sein?

G: Is 'ne harte Zeit. Nahost-Konflikt und so. Bringt ein' nah an den Rand der Vazweiflung. Manchma, da denkick mir soja, dittit einfacha wär, dit allit nochma neu zu machen.

A: Aba dit is doch noch lange keen Grund, einen Freund, ja, einen langjährigen Freund dermaßen vor'n Kopp zu stoßen! Ick meine, du setzt hier grade eine langjährige und obendrein intensiwe Freundschaft uffs Spiel, biste dir übahaupt bewusst, dessen?!

G: Mach ma halblang.

A: Halblang?

G: Ja. Ick wollt' dir bloß warnen, ditte dir nich imma uff eene Stufe stellen sollst mit mir.

A: Ach, und warum einklich nich?

G: Weil ick Gott bin.

A: Ach, und ick wohl nich, oda wie?

G: Nee.

A: Ach, und bloß weilick nich Gott bin, dürfick mir nich mit dir uff eene Stufe stelln?

G: So siehts aus.

A: Weeßte einklich Gott, dit du uff jakeene Stufe stehst?

G: Könn' wa ma wieda ernsthaft, ja? Wir wahn bei den Papieren stehn jeblieben.

A: Allahdings wahn wa dit, allahdings!

G: Ick wollt' dir aläutan, warummick keene Papiere hab.

A: Warum denn nich, Gott, warum denn nich?

G: Weilick die nich brauch. Darum. Kam zwah schon ma die een oda andre Tante an, sichalich, die ma ürgendwelche Papiere übahelfen wollte, aba da habick denn imma jesacht: „Entschuldigen Sie, ich bin Gott, ich brauch' dis nich."

A: Und damit biste durchjekommen?

G: Wie de siehst.

A: Und die ham nie ma so weißbekittelte Männa jeschickt, die dir übareden wollten, mit ihnen ins Auto zu steigen?

G: Eenma kam jemand, 'ne Frau, von'n, wat weeß icke, Sozjalen Dienst oda so, aba die wah einklich janz nett. Hat mit mir in'n Wohnzimma 'n Stück Kuchen jejessen, schön, und 'n Kaffe je-trunken, hamma 'n bisschen jeplaudat üba mir und die Welt und alse jejangen is ..., ick gloob, die fand ma soja sümpathisch.

A: Knick knack, Gott?

G: Jetz hör doch ma uff mit deinen bescheuaten knick knack!

A: Wie sah se denn aus?

G: Klug.

A: Klug, aha, dit soll ja ooch wichtich sein. Und wann heiratita?

G: Musste nich noch deine Lohnsteuakahte suchen?

A: Ick wollt' dir deswejen grade nach Streichhölzan fragen.

G: Denk an die Stufe, ja?

A: Tschüss Gott.

G: Tschüss du.

A: Ach, Gott?

G: Ja?

A: ... ach, nüscht.

Zwiegespräche mit Gott | *heute:*
Die Antwort weiß ganz allein der Wind

A: Na Gott?

G: Na?

A: Na, wat jibs?

G: Woruff willst 'n hinaus?

A: Icke?

G: Siehste jemand andas?

A: Hat sich eena vasteckt?

G: Woher soll ick 'n dit wissen?

A: Weeßt du nich imma allit?

G: Sehick so aus?

A: Warum stellst 'n andauand 'ne Gegenfrage, Gott?

G: Warum solltick 'n dit nich tun?

A: Jibt der Klügere nich nach?

G: Meinste, dit eure Sprichwörta hinhaun?

A: Tun se dit nich?

G: Warum biste 'n übahaupt hier?

A: Warum bist du denn hier?

G: Warum kamman sich mit dir einklich nie vanünftich untahalten?

A: Warum is einklich die Banane krumm, Gott?

G: Warum habick euch nur jeschaffen?

A: Sprichste mit dir selbst?

G: Warum?

A: Wieso?

G: Häh?!

A: Soll dit jetz Kunst sein?

G: Uff wat willst 'n damit anspieln?

A: Heißt dit nich woruff?

G: Kennste übahaupt dit Wort „Flitzpiepe"?

A: Kennst du dit Wort „Dostoprimelschatjelnosti"?

G: Kannste dir vorstelln, dit meine Jeduld Grenzen hat?

A: Kennste AC/DC?

G: Würde dich dit einklich störn, wennick dir hier eene uff de Nuss haue, bevorick ma von dir vaabschiede für heute?

A: Wenn de dit Echo vatragen kannst, Gott?

G: Echo, von welchem Echo sprichst du?

A: Fragst du dich bitte nachher nich, Gott, warummick urplötzlich, ohne eine deina Fragen beantwortet zu haben, rückwärts die Treppen runtajeschlichen bin und mich grußlos aus'n Staub jemacht hab, ja?

G: Warum wohl solltick mir nachher noch ürgendwelche Fragen stelln?

A: Na Gott.

G: Na.

A: Na, jestreut?

G: Zastreut, meinste?

A: Nee, ick meine, oppa jestreut habt, bei euch vor'n Haus?

G: Ick bin übrijens eine Pason. Ooch wennick Gott bin, binnick nur eina, nich mehrere.

A: Ick hab dich aba als Teil eina Hausjemeinschaft anjesprochen.

G: Ick bin aba keen Teil eina Hausjemeinschaft.

A: Selbstvaständlich bist du ein Teil eina Hausjemeinschaft.

G: Ick hab nüscht untaschrieben.

A: Dazu muss man ooch nüscht untaschreiben, Gott. Selbst wenn de keenen Mietvatrach hast, biste doch, als eena der hier wohnt, Mitglied eina Hausjemeinschaft, jenau wie die Opansängerin außen vierten Stock, die Schwabenfamilje in'n zweeten oda die Satanisten, die unta dir wohnen.

G: Also, die sind garantiert nich Mitglied vonne Hausjemeinschaft, die Krawallbrüdas.

A: Sie mögen sich villeicht nich so fühlen, aba trotzdem sind sit.

G: Die hassen allet.

A: Und woher weeßte dit, Gott, dit die allet hassen?

G: Der Eene hat 'n Nicki an, da steht dit druff. „I hate you all" steht da und dit heißt uff Englisch wortwörtlich übasetzt, ick hab ma informiert, bei Gugel habick ma informiert, dit heißt schlicht und agreifend: „Ick hasse euch alle".

A: Jaaaah.

G: Du sachst: „Jaaaah".

A: Ja, dit is doch nur Mode, Gott. Dit hat der da stehen, weila schocken will. Dabei schockt dit jakeen mehr. Dit hat doch heutzutaje schon jedet zweete Kindajatenkind an, so'n Ti-Schört.

G: Ick hasse euch alle?

A: Na, villeicht nich unbedingt mit „Ick hasse euch alle" druff, aba zun Beispiel mit „Ick bin 40, bitte helfen Sie mir üba die Straße" oda mit „Zicke" oda mit „Staatsfeind Numma 1" oda mit „Ihr werdet alle sterben", sowat.

G: Dit is doch nich ditselbe wie „Ick hasse euch alle".

A: Nee, ditselbe isset nich. Aba't zielt in die selbe Richtung.

G: Nee. Janich. Dit zielt janich in die selbe Richtung. Kiek ma, „Ick bin 40, bitte helfen Sie mir üba die Straße", dit is doch nur ein Hilfeschrei um Uffmerksamkeit, der noch dazu höflich formuliert is. Wer sagt heute schon noch „Bitte"? Und „Zicke" und „Staatsfeind Numma 1" dit sind Aussagen üba eenen selba, dit sich der Jegenüba orjentieren kann, woranna is mit eem, kannick ooch nüscht Schlümmet dran finden; und „Ihr werdet alle sterben" is einfach nur wahr, bloß dit die meisten dit heutzutaje vadrängen. Da will der Träja ein' nur ma ainnan dran. Dit man endlich is nämich, dit man jefällichst wat machen soll, aus seinen Leben, noch is dazu Zeit!

A: Dit meinste in'n Ernst, wah?

G: Du denkst natühlich, is imma allet lustig jemeint.

A: Und wat soll einen denn „Polizei" sagen, Gott, oda „Ick hab den Größten" oda „Bier formte diesen wundaschönen Körpa" oda „Mönchengladbach"?

G: Willstit würklich wissen?

A: Ja.

G: Denn müsstick schnell ma bei Gugel ...

A: Ick will nich wissen, wat Gugel dazu sacht, Gott, ick will wissen, ob du denkst, dit die sich alle wat bei denken, dit die sich einen tierischen Schädel machen, wenn se sich oda ihren Kindan sowat anziehn tun.

G: Nich alle, vamutlich. Sehr wahscheinlich nich alle.

A: Dit meinick, Gott. Man muss die ma ansprechen. Pass uff, du jehst morgen einfach ma runta zu diese Satanisten und fragst den „I hate you all"-Tüpen, wiea dit meint.

G: Villeicht schreibst du mir noch vor, wattick mache und wat nich, wa? Soweit kommts noch!

A: Ick bin mir sicha, Gott, der meint dit janich so.

G: Erst mussick den Nahost-Konflikt jelöst ham.

A: Wollteste doch schon letzte Woche.

G: Ja.

A: Wo hakts?

G: Ach ..., is nur noch 'ne Kleinichkeit.

A: 'ne kleine Kleinichkeit oda 'ne große Kleinichkeit?

G: Mittel.

A: Kannick helfen?

G: Kaum.

A: Aba wenn de dit jelöst hast, jehste schon runta, wa?

G: Ma sehn.

A: Vasprochen?

G: Ma sehn.

A: Tschüss Gott.

G: Tschüss.

A: Ach, Gott?

G: Ja?

A: Ick hätt' ma fast hinjepackt vorhin, bei euch vor'n Haus.

G: 40, wa? Bist ooch schon 40.

Zwiegespräche mit Gott | *heute: Stein*

A: Na Gott.

G: Na.

A: Na, ick bin traurich, Gott.

G: Ick weeß.

A: Ick habit ja jewusst, dittit so kommt, aba trotzdem, dit machtet nich leichta.

G: Nee, leichta machtet dit nich.

A: Da is so'n Schmerz, inne Brust drin.

G: Ja, da is so'n Schmerz.

A: Dit zieht so, hier rüba.

G: Da rüba, jenau.

A: Is dit nich bei jeden andas?

G: Dit is bei jeden andas, richtich.

A: Meinste, dit dit denn jut is, wemman sich denn betrinkt?

G: Wenn de Lust druff hast? Machet einfach.

A: Sollick dir ma von ihn azähln?

G: Tu't.

A : Wah voll mein Vorbild jewesen, Gott. Alsick ihn so jesehn hab, früa, also woick ihn kennenjelernt hab, da habick ihn ja jesehn und da hatta schon damals ..., dit wah für mich einfach ..., der wah lustich und der wah aba ooch frei und der konnte sich ooch uffregen und denn wara ooch wütend, aba vor allen wara frei, so frei, wie ick vorher noch keen andan Menschen jetroffen hatte.

G: Jesoffen und jeroocht hatta aba ooch wie Hölle.

A: Türlich, willick ja ooch nich vaschweigen. Dit hatta ooch, selbstvafreilich. Dit hat zu ihn dazujehört. Aba ausjemacht hattet ihn nich. Manchmas konnta ooch nerven. Manchmas hatta ja ooch ewige Vorträge jehalten, oda denn hatta plötzlich Sprüche jekloppt, die jingen uff keene Kuhhaut ..., aba ürgendwie ..., also ick fand, er durfte dit, weila nämich allet jeliebt hat.

G: Dit hatta.

A: Nich wah, Gott, du weeßt dit? Du kannst dit bestätijen.

G: Hmm.

A: Jibs einklich nach den Tod noch die Scheinwelt, Gott?

G: Die ... Scheinwelt?

A: Papierkram, Ämta, Anträge, Formulare, Vasicherungen, Bescheide ..., die janze Kacke ehmd.

G: Also, ooch wennde mir nich gloobst, aba sowat jibs nach 'n Tod nich mehr. Definitiv.

A: Wenichstens wat. Trinkste denn een mit, uff ihn?

G: Kannick machen.

A: Prost Gott. Uff Stein.

G: Uff Stein.

Zwiegespräche mit Gott | *heute: Hinter dem Berg*

A: Na Gott.

G: Na.

A: Na, wir wern imma größa, Gott.

G: Du meinst eure Sorgen, die wern imma größa.

A: Nee, wir Gott, wir selba. Wir selba, wir wern imma, imma größa.

G: Wer hoch hinaus will, fällt tief, meistens, fällt mir dazu nur ein.

A: Aba wir wolln dit ja janich, Gott, wir könn' ja janüscht dafür, dit passiert einfach so.

G: Nüscht passiert einfach so!

A: Ja, ick weeß, ürgend 'ne Aklärung jibs natürlich, wahscheinlich sinds die Fahbstoffe in'n Käse oda die Anabolika, die wah aus de Milch saugen, aba villeicht isset ja ooch ein vollkomm' natühlicha Prozess, eine Auslese, wie'it ooch bei diesa Klimakatastrophe hier vonstatten jeht.

G: Wat faselste da zusamm'?

A: Hattick Klimakatastrophe jesacht? Ick meinte natühlich Ewolutjon, Gott. Könnte doch sein, dit wir uns grade wieda ewolutjonieren. Dit wir grade wieda eine Sprosse höha klettan, uff die Leita der Entwicklung.

G: Also, meine Leitan zumindist stehn alle in'n Schuppen.

A: Du gloobst ja ooch sowieso nich dran, Gott.

G: Ans Klettan?

A: An die Ewolutjon, ja. Du denkst doch, du hättest uns allesamt aus Knete jeformt und denn hier ürgendwo uff die Scheibe ruffjestellt, wo wa uns seitdem um keen Müh vaändat ham.

G: Ma halblang, Bürschchen. Wat du hier so abschätzich als Knete bezeichnist, ja, dit wah natühlich keene Knete in euan Sinne, jetz, dit wah keen Suralin oda Plastilin oda Neurodermitis, wie imma ihr dazu ooch sacht, Knete, so habick dit nur umgangs-

sprachlich ma jenannt, damit dit von euch ..., oda bessa jesagt, damit dit für euch ooch vaständlich is. In Würklichkeit, da is dit
natühlich ein Stoff, von eine unjeheua komplizierten Zusammen-
setzung, wah dit jewesen, mit allen drin ebend, wat man zun
Leben braucht.

A: Sag ma die Formel, Gott.

G: Formel eins.

A: Nee, sag ma in'n Ernst.

G: Binnick doof?

A: Kannst ooch nachkieken, in deine Untalagen.

G: Meinste, ick lass ma so leicht übat Ohr hauen? Von dir? So
weit kommts noch, wa, ick sag euch die Formel und morgen früh
schon loofen hier die absondalichsten Wesen durch die Jegend.
Ohne Jehürn aba mit 'ne Riesen-Obaweite.

A: Da kennste mir aba schlecht, Gott.

G: Ick kenn dir janz jut.

A: Obaweite, zun Beispiel, is mir total schnuppe.

G: Ick weeß, ick weeß, innere Werte, bla, bla, bla.

A: Du hast uns so jeschaffen.

G: Ebend.

A: Wusstiste einklich, Gott, dit die Obaweite bei Männan größa
is als die bei Frauen?

G: Sagick doch. Dit passt euch nich. Und anstatt ditta euch ma
bewusst werdit, warum eure Biertittchen größa und größa wern,
wollta mir lieba die Formel abluchsen, um damit Busenwunda
zu fabriziern, nämich.

A: Warum wern denn unsre Biertittchen größa und größa?

G: Dit liegt an ..., willste mir vaarschen?!

A: Mein Onkel Richard, Gott, der hat übahaupt keen Bier
jetrunken und der hatte trotzdem so'ne ...

G: Wah dein Onkel Richard außen Osten oda wah der außen
Westen?

A: Nich außen Westen.

G: Also außen Osten.

A: Ja.

G: Habt ihr zusammenjelebt?

A: Wie meinst'n dit?

G: Wart ihr ein Paar?

A: Ick und mein Onkel Richard?!

G: Mein Onkel Richard und ick, heißt dit.

A: Wie bist du denn druff, Gott?! Mein Onkel Richard wa vahei-ratet, in'n Harz, mit eine Frau!

G: Also, nee?

A: Türlich nich.

G: Wie siehts aus mit Stasi? Warste dabei?

A: Wohl kaum.

G: Und woher willste denn wissen, ditta keen Bier jetrunken hat, häh, dein saubara Onkel Richard?

A: Weilat jesagt hat, Gott, und außadem hatta nie wat jetrunken, wenn wa zusammen wahn.

G: Kiekst du dir Pornos an, jagst du dir ne Spritze in die Venen, popelste villeicht, wenn ihr bein Familjentreffen jemeinsam an'n Tüsch sitzt, jemütlich?

A: Popeln tuick manchmas, ja.

G: Mann, wat meinste warummit die Stasi jab, übahaupt? Die jabs doch bloß, weil nich jeda eins zu eins ooch dit azählt hat, watta tut. Und du gloobst ausjerechnet deinen Onkel Richard!

A: Der hat ma nie belogen, Gott.

G: Du meinst, du hast nie jemerkt, wie de belogen wurdist. Dit is 'n Untaschied, Sportsfreund, ein janz jewaltija Untaschied is dit.

A: Ick wollt einklich bloß mit dir drüba reden, dit wa größa werden.

G: Größa?! Pah! Dittick nich lache. Da lachick mir ja dumm und dusslich, lachick mir da! Pass ma uff, mein Lieba, ick mach euch so groß mit Hut, wennick will, schon morgen, wennick will, denn müsste nachher noch uffpassen, dit euch keene Schnecke zamalmt, so winzich seita denn. Mann, Mann, Mann, die pah Zentimeta in hundat Jahre, dit issen Klacks, vastehste, 'n Klacks is dit!

A: Nu reg da ma nich so uff, Gott.

G: Ick reg ma uff wenn ick will!

A: Ick mein ja nur, bist ooch nich mehr der Jüngste.

G: Dit, weiß icke, nich. Allahdings hab ick noch ne janze Menge vor mir, sehr viel mehr als du übrijens. Bis zu meinen Bergfest da isset nämich noch hin. Äonen, falls dir dit wat sacht.

A: Allet klah, Gott. Tschüss Gott.

G: Tschüss du.

A: Ach, Gott?

G: Ja?

A: Wie lange dauats denn noch bis zu meinen Bergfest?

G: Dein Berg, mein Freund, liegt leida schon hinta dir.

Zwiegespräche mit Gott | *heute: Hartz IV*

A: Na Gott.

G: Na.

A: Na, noch saua von letztet Ma?

G: Wieso?

A: Kuckst so.

G: Ick kuck doch nich so.

A: Klar kuckste so.

G: Janich.

A: Ob ma.

G: Janich.

A: Ob ma.

G: Arschloch!

A: Siehste!

G: Vapiss da!

A: Tschüss Gott.

G: Jaja.

A: Na Gott.

G: Na.

A: Soll ja Leute jeben, die sich die Hand jeben.

G: Soll ooch Leute jeben, die sich die Beene stelln.

A: Biste einklich schon ma neidisch jewesen, Gott?

G: Woruff, bitteschön, sollte ick neidisch sein?

A: Keene Ahnung. Uff'n Tod? Ick mein, uff unsan Tod? Uff unsre Möglichkeit des Ausscheidens außen Leben? Dittit ma vorbei is, bei uns? Dit wir sagen könn' Ende mit Alljende, ick sag tschüss, dadruff villeicht?

G: Imma wenn jemand von euch jeht, stürbt ooch ein kleinet Stück von mir, so jesehn kennick dit natühlich, da brauchick nich neidisch sein druff.

A: Aba ...

G: Und bevor de denkst, meine Jüte, wie dick muss der denn ma jewesen sein, früa, wenn imma wat bei ihm abjestorben is, dit kommt natühlich ooch imma wat Neuet hinzu, ständich. Bei jede Jeburt, zun Beispiel, kommt ja wat hinzu, wat Neuet.

A: Aba ...

G: Außadem musste dit ja ooch nich imma wörtlich nehm' allit. Da stürbt ja keen Fleisch ab, bei mir. Dit spielt sich in'n metaphüsischen Bereich, spielt sich dit ab. Dit sind so Sequenzen außen Geistbereich, sind dit, die sich da praktisch in'n weiteren Sinne ... austauschen.

A: Aha.

G: So sieht dit aus, mein Freund.

A: Aba ick ...

G: Sicha. Haste schon recht. Is nich eins zu eins ditselbe, jetz. Is ebend der Untaschied, denn, zwüschen euch uff die einen und mir uff die andan Seite.

A: Lässte mir ma ausreden, Gott?

G: Tschuljung, mussick mir bessa in'n Griff ham, türlich, haste recht, is würkich wat ..., na, neidisch is villeicht nich dit richtije Wort, aba jewöhnungsbedürftich, jewöhnungsbedürftich issit schon, wemman vorher schon weeß, wat der Jegenüba glei sagen würd. Trotzdem, da jebick dir recht, sollte man seinen Jesprächspartna nich ins Wort fallen.

A: Dit meinick nämich ooch.

G: Binnick vollkomm' deina Meinung. Absolut korrekt, ditte mir dadruff ansprichst. Muss sein, ohne Frage. Also, sag, wat imma du zu sagen hast.

A: Ick ...

G: Ja?

A: Ick ..., Mann, Scheiße, jetz haste ma voll außen Konzept jebracht mit dein' dämlichen Jequatsche, jetz weeßick janich mehr, wattick übahaupt sagen wollte.

G: Passiert schon ma.

A: Aba du ..., du Gott! Du weeßt doch wattick sagen wollte!

G: Selbstvaständlich.

A: ... na? ... und?

G: Wat na und?

A: Na ..., sag ma.

G: Meinste, ick weeß jetz noch, wat du vorhin sagen wolltist? Dit is längst abjespeichat schon wieda, mein Freund, dit befindit sich längst in'n Aktenordna, in'n metaphüsischen Aktenordna befindit sich dit. Wahscheinlich issit soja schon uffen Weg inne Datenbank, inne metaphüsische. Also weeßte aba ooch, meinste ick hab die Kapazität, dittick allit, wat ihr 7 Milljarden, janz zu schweigen von eure Vorfahren, jemals jedacht oda ausjeplappat habt, dittick dit sofort uffen Schürm hab. Dit afordat ein' unjeheua komplizierten Vawaltungsuffwand, ja, damittick dit präsentiern kann. Für sowat bedürfit Gründe und zwah jewichtije!

A: Ach.

G: Ja. Du stellst dir dit wahscheinlich wie in'n Märchenland vor, aba wir sind hier nich bei de Mappetschoh, mein Lieba! Dit hier is die Würklichkeit! Und die Würklichkeit is haht, vadammt haht is die!

A: Wie jehts 'n einklich den Satanisten, Gott?

G: Denen jehts jut.

A: Sind se außen Urlaub zurück?

G: Wahn die ma in'n Urlaub?

A: Du hastit vamutit, Gott, weil diesa infernalische Lärm nich zu hörn wah.

G: Falls der ma wegjewesen sein sollte, issa bald dadruff schon wiedajekommen.

A: Und sonst so?

G: Wat sonst so?

A: Allit schick?

G: Wat heißt 'n hier allit schick, also weeßte, vaarschen kannick ma alleene. Lieste keene Zeitung, kiekste keen Fernsehn, biste nie in'n Intanet?

A: Nee.

G: Nee?!

A: Weeßte doch sowieso schon.

G: ... stümmt.

A: Tschüss Gott.

G: Tschüss du.

A: Ach, Gott?

G: Ja?

A: In'n Himmel is doch aba Jahmahkt, wa?

G: Hmm. Manchma.

Zwiegespräche mit Gott | *heute: Gefährliche Kleidung*

A: Na Gott.

G: Na.

A: Na, haste jehört Gott, dit der Berlina Polizeipräsident den Bullen vaboten hat, jewisse Anziehsachen anzuziehn?

G: Leda-Tangas?

A: Nee, Mahken, Gott. Bekleidungsmahken.

G: Ham die denn heutzutaje jakeene Uniformen mehr an, die Jandarmen?

A: Doch. Aba dit jibt ja ooch Ziwibullen, offizjell Ziwilpolizisten jenannt oda ooch kurz Ziwis. Die dürfen natühlich keene Uniform anham.

G: Wat hamse denn jemacht, dit se dit nich mehr dürfen?

A: Naja, jibt ja schon strenge Regeln bei de Polizei. Dafür isset ja ooch die Polizei. Da dürfste natühlich nich so ville wie in'n normalen Betrieb, jetze. Wenn de zun Beispiel bei de Polizei, ja, eenma bein Wichsen inne Umkleidekabine awüscht würst, denn krichste schon ma die jelbe Kate, würste zweema awüscht, Gott, musste deine Uniform abjeben und dürfst fürderhin nur noch als Ziwibulle abeiten.

G: In'n Ernst?

A: Nee.

G: Spinne?

A: Ja.

G: Dit jibt jakeene Ziwibullen, stümmts?

A: Doch, Gott. Doch, Ziwibullen, die jibs schon. Die brauch man ja ooch, wemman vadeckt amitteln will, zun Beispiel, inne Päderastenszene oda bei die Neonazis, bein Islamisten, bei de Hütchenspiela oda inne Politik. Ville Straftaten, die kannste ja erst denn uffdecken, wenn da eena steht, der unufffällig is. Eena mit Nicki, Nietenhose und Nackenschpoila beispielsweise. Dit is ja ooch logisch einklich, denn wenn da bei die Hütchenspiela oda bei die Würtschaftsbosse, ja, eena in Uniform sagen würde: „So, nu macht ma schön eure Straftat", denn würden ja, sagen wa ma, nur die dümmsten Straftäta die Straftat ooch würklich begehen.

G: Wat is denn ein Nackenschpoila?

A: Hat man früha ma jesagt, Gott. Antiquiert für eine jewisse Form von Haarfrisur. So hinten bisschen länga, schpoilamäßich eben, aba jepflegt.

G: Und die hat der Polizeipräsident vaboten?

A: Nee. Haare sind ja keen Kleidungsstück. Der Polizeipräsident hat Textilmahken uffen Index jesetzt. Textilmahken wie Thor Steinar, Pit Bull oda Consdaple aba ooch Alpha Industries, Lonsdale, Fred Perry und Ben Sherman, für Polizisten zumindist.

G: Weil?

A: Weil die von Rechtsradikalen anjezogen werden.

G: Aha. Die solln sich also untascheiden, die Polizisten, von Rechtsradikalen.

A: Ja.

G: Wat is dit Problem?

A: Na, der Tüp, der macht übahaupt keen Untaschied zwüschen Mahken, die extra für Rechtsradikale herjestellt wern und welche, die die Nazis einfach nur ooch anziehn, die aba jenauso ville andere tragen. Nach die Logik von den Tüpen könnten die Nazis innahalb eines Jahres dit schaffen, dit die Ziwibullen alle nackich rumloofen müssten. Müssten se bloß jede Woche ma ne andre Mahke bevorzugen.

G: Du machst dir Sorgen um die Ziwibullen? Is ja 'ne janz neue Seite an dir. So kennick dir ja janich, bisher. Biste ..., oda wartte ma, jetz vastehick, allet klah, wat vadient man denn da so bei die Brüdas?

A: Ach ..., man kann von leben.

G: Und welchen Dienstgrad haste?

A: Untachefagent mit Sternchen, Mann, Gott, meinste, ick hätte dir so lange täuschen können? Icke?! Dir?!

G: Türlich nich.

A: Siehste. Aba dit strahlt ja ooch bis übaall hin inne Jesellschaft, so'n Vabot. Wenn de nu ma zufällich 'n Schlüppa anhast, von Lonsdale, oda pah Fred Perry-Kontaktlinsen trägst, inne Oogen jeklebt, denn giltste doch für die kesse Biene hinta de Koofhallenkasse glei wieda als Nazi und hast keene Schongsen bei sie, ick kenn dit, Gott, ick trag meene Kurzhaarfrisur, die ick übrijens ausschließlich wejen die villen Würbel in meene Mähne hab, schon seit üba 20 Jahre spaziern. Wat meinste, wie oft deswejen schon schüchtane Annäherungsvasuche meinaseits abjeprallt sind, bei die Mädels, wie uff Granit sind die jeprallt, oft jenuch.

G: Sollick dir trösten? Komm ma her.

A: Lass ma, Gott. Taschentuch reicht.

G: Ick hab aba nur 'n Stofftaschentuch, 'n volljerotztet.

A: Dolle volljerotzt?

G: Jeht so. Is allahdings eens von Thor Steinar.

A: Gott?!

G: Wah 'n Spaß.

A: Wahnsinnich witzich, Gott. Tschüss Gott.

G: Tschüss du. Ach ..., du?

A: Ja?

G: Wat würdiste denn stattdessen tun, jegen Nazis?

A: Icke? Kannick dir sagen, Gott. Ick hab da nämich 'n ziemlich perfekt ausjearbeiteten Plan. Der is soja wissenschaftlich fundiert. Der, wemman den befolgt, strikt, den Plan, denn is dit Naziproblem, und zwah weltweit, is dit denn schon in Kürze is dit ja keen Problem übahaupt nich mehr. Da muss man erstma lediglich, also, klah, sollte man vorher schon noch, aba ...

A: Na Gott.

G: Na.

A: Na. Oh Mann ey, weeßte, wat ma nervt zur Zeit?

G: Nee.

A: Die Bettla, Gott. Ey, nürgenswo kannste noch hinjehn, ja, ohne anjeschnorrt zu werden. Ey, dit jeht ma dermaßen uff de Eia, „Haste ma 'n Euro, haste ma 'n Euro, haste ma 'n Euro". Inne U-Bahn, anne Post, vor de Weltzeituhr, übaall belatschan se een.

G: Ja. Vastehick. Is nervich, wa, vor allen wemman selba nüscht hat.

A: Ick hab ja, Gott. Ick jeb ja ooch. Jerne soja. Echt! Ick hab ma eenma soja ma so'n Penna, wa, fuffzich Euro, einen nigelnagel-neuen Fuffzicheuroschein, Gott, in sein' Hut jeworfen. Wat meinste, wat der für Oogen jemacht hat?

G: Eine gute Tat.

A: Ja aba! Ick bin da janich so. Wah ooch nich dit erste Mah. Ick hab ja öfta schon, viel öfta, Gott. Direkt nach de Wende zun Bei-spiel. Da hat ma dit regelrecht beschämt soja. Diesa Umstand, ja, dit da Leute betteln müssen. Dit die so fast janüscht ham und wir aba da rübajehn, weeßte, und uns unsa Begrüßungsjeld abholn.

G: Dit kannick vastehn.

A: Manche ham dit ja soja mehrmals abjeholt, Gott.

G: Dit jing?

A: Na aba sicha doch! Zun Anfang musstiste ja bloß dein' Aus-weis vorzeigen. Die ham doch da übahaupt keen Sistem jehabt, keen richtijet. Biste mit deinen Ausweis eben ma zu die Ausja-bestelle jejangen und ma zu die. Ick sag dir Gott, dit wah üba-haupt keen Problem jewesen, da bis zu, na, ick will nich lügen, aba bis zu zwanzich Mah bestümmt, Begrüßungsjeld einzusacken. Übahaupt keen Problem wah dit.

G: 'ne Goldgrube.

A: Absolut, Gott, absolut! Konntiste reich werden mit. Also, naja, reich ..., sagen wa vamögend.

G: Schwer denn davon die Finga zu lassen, wa?

A: Dit kannste laut sagen, Gott. Aba man hat ja seine Prinzipjen, wa. Also ick zumindist, ick konnt' dit einfach nich.

G: Du nich, wa?

A: Nee. Dit hat ma beschämt, Gott. Ick hab da ja ooch ma an so 'ne Ausjabestelle, wa, da stand denn so'n Spruch da jeschrieben. An die Wand von die Post stand da so'n Spruch: „Begrüßungsgeld für Asylanten!" stand da. Und dit, ja ..., dit is ja denn schon, also ..., weil, wir hatten ja allit, einklich.

G: Stümmt, wa?

A: Einklich fehlte dit uns ja an nüscht.

G: Nö, wa?

A: Bis uff, jetz, vanünftige Autos villeicht und Kassettenrekorda. Oda Mätchbox. Richtje Schokolade und Kaffe. Bohnenkaffe, nich die Ostplörre meinick, richtijen Bohnenkaffe, Gott, Tschibo zun Beispiel, oda Bananen, dit jab ja fast nie Bananen in'n Osten, dit würd ja häufich vajessen heute, wenn se alle imma die jute, alte Zeit hochleben lassen, von wejen Kindajatenplätze und Ferjenlaga und Poliklinik und so, da vajessen die meisten ja, dittit damals nich ein vanünftijet Obst jab, in'n Osten.

G: Wo dit doch so jesund is, Obst.

A: Ebend, Gott, ebend! Oda Schallplatten von AC/DC. Weeßte, Gott, wie die anjestanden haben nach Schallplatten von AC/DC? Alsit in'n Zentrum-Warenhaus an'n Ostbahnhof ma die eene Schallplatte von AC/DC jab?

G: Deinen Ausdruck inne Stümme nach zu urteiln, würdick ma uff eine kilometalange Schlange tippen.

A: Hast du 'ne Ahnung, Gott, hast du 'ne Ahnung! Kilometalang, ja, dit reicht übahaupt nich ma aus. Die wah noch viel länga jewesen, die Schlange.

G: Mann-oh-mann.

A: Du sagstit, Gott. Jeans jabs übrijens ooch keene richtijen und Kaujummis und Dock Mahtens, keene Feinstrumpfhosen jabs, keene Brawo, keen Büchsenbier, von Drogen und Pornos willick erst janich reden.

G: Also, die sind aba ooch ...

A: Ja. Ick weeß, magste nich so, wa? Aba ville, die mögen dit ebend. Würd ja nich umsonst herjestellt, schließlich. Wo't dit Anjebot jibt, jibtit imma ooch die Nachfrage, Gott.

G: Trotzdem ...

A: Trotzdem hat die Medallje natühlich zwee Seiten, klah. Heroin hat ja ooch Nebenwürkungen, wer wollte die beschönijen. Ick wollt' ja einklich hier ooch bloß meinen Frust loswerden, Gott, wegen die Schnorra, weeßte. Ick find ürgendwie, da könnte man ruhich ma wat tun, jejen die.

G: Findiste?

A: Du etwa nich?

G: Nee.

A: Du findist, dit is in Ordnung so?

G: Schon, ja.

A: Na, kann ein' ooch ma selba awüschen, wa?

G: Mir nich. Aba ... dir? ... schon, ja.

A: Meinste wejen meinen Beruf, wa? Weil der nich so krisenfest is, wa?

G: Unta anderen, ja.

A: Mmh. Hat wat, Gott. Man sollte ooch ma, öftas ma, nachdenken, wa?

G: Ja.

A: Tschüss Gott.

G: Tschüss du.
A: Ach, Gott?
G: Ja?
A: Haste ma ...
G: Nee!

A: Na Gott.

G: Na.

A: Na, die wolln Demenzkranke von Abeitslosen behandeln lassen, Gott.

G: Die solln die betreun.

A: Is dit nich 'ne Frechheit?

G: Ick hab da nüscht jegen, einklich.

A: Aba is doch voll die Ausnützung.

G: Issit.

A: Wir solln da schön billich ma die Abeit machen, vastehste Gott, die normalaweise da ausjebildete Fachkräfte tun.

G: Du?

A: Die, meinick. Tschuljung, aba ick fühl ma ebend imma noch zujehörich, weilick hier mit meine Scheinselbstständichkeit, hier, Sanitäret & Söhne, dit kann ja ooch von heute uff morgen ufffliegen und denn binnick wieda mit dabei. Und denn mussick dahin und bin nachher noch schuld denn, an so'n Tod, von so'n Bekloppten villeicht, weilick dem falsch dit Händchen jehalten hab.

G: Demenzkranke sind für dich also Bekloppte?

A: Wah jetz etwas robust ausjedrückt, sichalich.

G: Weeßte, ick gloob, dit würde jeden von euch ma janz jut tun, 'ne jewisse Zeit inne Woche mit 'n Bekloppten zusammenzusein.

A: Ick bin öftas bein Fußball, Gott.

G: Ick mein mit richtje Bekloppte.

A: Mit andas begabte Bekloppte meinste?

G: Mit Durchjedrehte, ja. Mit Idjoten, Spasten, Mongos, Hirnis, Varrückte, Begriffe für habta ja jenuch jefunden.

A: Wozu besitzt der Mensch seinen Vastand.

G: Fragick ma ooch manchmas. Haste einklich schon ma wat mit geistich Behindate zu tun jehabt?

A: Ick hab ma Guido Knopp in'n Fernsehn jesehn, Gott.

G: Willick jetz nich kommentiern, den Scherz. Haste?

A: Nee. Oda doch, stümmt janich, ick ..., alsick schwümmen jelernt hab, da wahn pah von die dabei. Und von uns außen Haus
eene, von die die Schwesta, die wah ooch ma da, und bein Zelten
sprang ma eena rum, so'n Lustija, der wah lustich.

G: Könntiste dir einklich vorstelln, selba ma varrückt zu werden?

A: Bein Fußball, höchstens.

G: Dement, in'n Alta?

A: Würdick ma umbringen.

G: Würdiste?

A: Würdick.

G: Wenn dit mitkrichst übahaupt.

A: Ick würd' dit schon mitkriejen, Gott, weil denn vajisste ja ooch
ständich allit.

G: Ebend.

A: Wat zwinkast'n da?

G: Stell dir dit ma nich so einfach vor, Sportsfreund, die meisten,
die häng' an ihren Leben. Du weeßt noch janich, wat dir eines
Tages ma wichtich sein würd.

A: Fußball, Musik, meene Kinda, die Olle und pah Bierchen, da
würd sich nich ville ändan, Gott.

G: Villeicht würd dir dit eines Tages ma reichen, einfach nur
einzuatmen und auszuatmen, villeicht würd dir dit eines Tages
ma urst wichtich sein.

A: Mach mir ma keene Angst, Gott.

G: Villeicht würste dit denn total schick finden, dit Atmen.

A: Villeicht, ja.

G: Und noch schicka würdistit villeicht finden, wenn dir da bein
Ein- und bein Ausatmen jemand die Hand halten würde.

A: 'n Langzeitabeitslosa, oda wat?

G: Du hättest da längst vajessen, wat ein Langzeitabeitslosa übahaupt is. Du würdist dir einfach nur freuen üba die Wärme an deina Hand.

A: Und du klingst grade wie Klaus Kinski in'n Horrorfülm, Gott.

G: Hast Angst wa? Kannick vastehn. Musste aba nich, würklich nich.

A: Tschüss Gott.

G: Tschüss du. Ach ..., du?

A: Ja?

G: Die Betreuung von Demenzkranke durch Abeitslose als billi-jen Lohnabeitsasatz, deine Frage von vorhin, von'n Anfang, kannste dir ainnan, haste übrijens recht, is 'ne Frechheit, 'ne bodenlose, absolut. Vollkommen richtich.

Zwiegespräche mit Gott | *heute: Christen*

A: Na, Gott.

G: Na.

A: Ick wollt' wat fragen.

G: Nur zu.

A: Jibt doch welche, die sich Christen nennen?

G: Schon jehört von.

A: Und da, von die Christen, jibs doch vaschiedene.

G: Selbstvaständlich, Moslems, Hindus ... hör mir uff.

A: Ick mein' jetz von die Christen, Gott.

G: Ebend.

A: Ick mein' zun Beispiel katholisch, jetze.

G: Jenau.

A: Oda evangelisch.

G: Richtich.

A: Und da hattick nämich 'ne Frage zu. Und zwah wolltick ma von dir wissen, wie du dit jetz, ick meine du als Gott, wie du dit siehst, wer denn nu von die übahaupt recht hat, einklich?

G: Du meinst von die Katholischen oda die Buddhistischen oda wat?

A: Ick mein spezjell bei den Christen.

G: Als da wären ..., warte, ick habs glei ...?

A: ... katholisch?

G: Dit habick doch ebend jesacht, grade!

A: Haste. Aba denn haste noch buddhistisch jesacht, dazu.

G: Janich wahr!

A: Wetten?

G: Vollkommna Quatsch! Buddhistisch, buddhistisch ja, buddhistisch is janich in meinen Wortschatz integriert, nur damittet weeßt!

A: Wir könn' gerne zurückspulen, Gott. Wolln wa zurückspulen?

G: Von wejen! Wie willst'n dit machen, hä?! Haste mitjeschnitten oda wat?! Zeig ma.

A: Gott? Kannste ma bitte deine Finga aus meine Nase nehm, so kleen sind die Dinga nun ooch wieda nich.

G: Die Popel?

A: Die Mikros.

G: Hast du ne Ahnung. Wat meinste, wie die vonne NASA abeiten, heutzutage. Meinste, die fliegen mit Mikrophone zun Mond, die groß wie Flugzeuchträja sind?

A: Zwischen popelgroß und flugzeuchträjagroß jibs ja zun Glück noch Einijet dazwischen.

G: Als da wären zun Beispiel?

A: Kennste griechisch-orthodox, Gott?

G: Klah.

A: Dit jibs nämich ooch noch.

G: Jibt ooch noch russisch-orthodox.

A: Oda syrisch-orthodox.

G: Korrekt. Aba ooch armenisch-orthodox.

A: Und griechisch...

G: Dit hatten wa schon. Aba die Kopten, die Kopten hatten wa noch nich.

A: Jehörn die nich strengjenommen mit zu de Katholiken dazu? Zu de Ostkirche vonne Katholiken?

G: Du meinst die Drusen.

A: Nee, die Kopten. Die Anglikana des Orients. Kennste übahaupt die Anglikana, Gott?

G: Hallo?! Logisch kennick die Anglikana, wär ja noch schöna.

A: Wat hältste einklich von die Baptisten, Gott?

G: Jeht so.

A: Quäka?

G: Die sind lustich, wa? Dit sind doch ..., haste ma jesehn, die Werbung, wo se ürgendso'n Auto zu 'ne Pferdekutsche umbaun, weil se dit Auto so schick finden und sie aba wegen ihre Religjon keen Auto fahn dürfen, deswejen baun se dit denn um zu so na ...?

A: Habick jesehn, Gott. Aba warum dürfen die einklich keen Auto fahn?

G: Hmm. Ehrlich jesacht, ick hab keene Ahnung. Also ick habs ihnen jedenfalls nich vaboten. Wie die wohl dadruff kommen? Is mir 'n Rätsel. Aba jut, ick meine, warum jetze so'n Papst, ja, keene Frau haben soll, dit is ja unjefähr jenauso behämmat.

A: Findste?

G: Du etwa nich?

A: Also, icke als Agnostika, ja, also ick gloob, ick kann ma dazu in'n Prinzip übahaupt nich äußan.

G: Ick alaubs dir, ausnahmsweise.

A: Also, wegen mir, Gott, wegen mir könnten die an allet Mögliche glooben, ja, dit die Erde 'ne Scheibe is oda 'n Würsing oda dit die Bockwurst heilich is oda dit wir alle nur Jedanken eines unendlich faulen Schöpfas ...

G: Na, na, na!

A: Du hast jesagt, ick darf.

G: Dürfste ja ooch.

A: Weeßte. Dit könn' die von mir aus allet glooben, so lange se nich uns andan damit uffen Sack jehn, permanent.

G: Sie sind Menschen.

A: Unbestritten.

G: Menschen jehn sich nun ma uffen Sack. So siehts aus.

A: Leida.

G: Aba, so siehts aus.

A: Nich besondas schön, wa?

G: Ooch nich besondas selten.

A: Stümmt.

G: War't dit, watte wissen wolltest?

A: Kann sein. Tschüss Gott.

G: Tschüss. Grüß' deine Atheistenbrüda und -schwestan und denkt dran, icke, Gott wa, ick liebe euch doch alle.

A: Erich Mielke?

G: Und ick. Ick ooch.

Zwiegespräche mit Gott | *heute: Durchschnitt*

A: Na Gott.

G: Na.

A: Na, die Kürschblüten blühn, Gott, bei uns inne Straße zumindist.

G: Bei uns nich.

A: Ick weeß, liegt aba daran, dittit bei euch keene Kürschbäume jibt wohl, inne Straße.

G: Habick ooch nie behauptit.

A: Ick weeß. Wolln wa nich 'n bisschen bummeln jehn, Gott?

G: Ick muss noch den Klimawandel stoppen, dit Nahostproblem lösen, dit Raum-Zeit-Kontinuum entzerren und die Frage eines kürzlich erst konwatierten Ewangelikalen beantworten, aba denn, denn hättick Zeit, theoretisch.

A: Du meinst, du könntist schon zu Weihnachten in'n Jahre 12715 mit mir bummeln jehn, damit hättick ja in meinen kühnsten Träumen nich jerechnet!

G: Na, nu hör ma, so lange dauat dit nu ooch wieda nich, ick schreib diesen vaürrten Schäflein einfach pah Standardfloskeln, wat weeß icke, „Sei imma schön ahtich" oda „Im Paradies schmeckt dit Essen", sowat in die Aht, Hauptsache, ditta sich ernst jenommen fühlt.

A: Wie lautet denn den seine Frage?

G: Habick vajessen, müsstick erstma nachkieken, jetz.

A: Klimawandel kannste übrijens von deine Liste streichen, Gott.

G: Pass ma uff, Sportsfreund, is mir schon klah, dit sich ville hier drüba freun, wennit imma wärma würd in Berlin, aba ihr Berlina, ja, ihr seid nich alleene uff de Welt, merkt euch dit ma endlich!

A: Ick weeß, jibt ooch Spandau noch und Erkna, Paris und so.

G: Vor allen jibs Jebiete wo'it heute schon so warm is, dit da nüscht mehr wächst, vanünftich.

A: Ick weeß, Mallorka zun Beispiel.

G: Mallorka doch nich.

A: Doch Mallorka Gott, Mallorka is so heiß, dit da ville imma hinfahn, weilit da so heiß is.

G: Ja, da issit villeicht wärma als in Berlin ...

A: Heißa, Gott, heißa.

G: Ja. Wat ihr so heißa nennt, aba kiek ma, dit jibt Jebiete, ja, da fallen in'n Jahr 5,2 Tropfen Wassa lediglich uff de Erde hernieda, und die Temperatur, die steigt da 324,3 Tage üba 30 Grad, 214,7 Tage soja üba 40 Grad.

A: Wie sieht denn ein Wassatropfen hintam Komma einklich aus, Gott?

G: Dit is der Durchschnitt.

A: Ja, aba wie sieht der aus?

G: Der Durchschnitt? Bisschen bessa als du, würdick sagen.

A: Haha, Gott.

G: Man, dit heißt in den eenen Jahr falln ebend 5 Wassatropfen, in den nächsten Jahr 6. Denn falln in den Jahren zusammenjenommen ziemlich jenau 5,5 Wassatropfen.

A: Nee, 11, Gott. 5 + 6 is 11. Zusammenjenommen.

G: Ja. Aba in jeden diesa zwee Jahre sind denn 5,5 Wassatropfen jefallen, vastehste?

A: Aba du hast doch ebend jesagt, dit in dem eenen Jahr 5 und in dem andan Jahr 6 ...

G: Merk dir einfach, es jibt unglaublich trockene und unglaublich heiße Jebiete uff de Erde. Trockenere und heißere Jebiete noch als wie uff Mallorka.

A: Du meinst, ick kapier dit nich mit den Durchschnitt?

G: Doch. Aba brauchste villeicht 'n bisschen zu. Musste villeicht 'n bisschen Zeit gönnen dir. Kiek ma, ick brauch ja für die großen Probleme ooch 'n bisschen Zeit, die Entzerrung des Raum-Zeit-Kontinuums zun Beispiel, weeßte, dit beschäfticht ma ja schon, na ..., jeraume Zeit jedenfalls, oda der Nahostkonflikt. Villeicht is dit Begreifen des Durchschnitts ja dein pasönlicha Nahostkonflikt.

A: Willick ma nich hoffen, Gott, aba jedenfalls den Klimawandel, den kannste jetrost streichen von deine Liste. Dit Problem ham wa jelöst. Wir Menschen. In Eigenrejie.

G: Habta etwa beschlossen, kollektiv Selbstmord zu bejehn? Macht dit ma lieba nich. Würft 'n ziemlich schlechtit Licht sonst uff meene Produktpalette.

A: Keene Angst, Gott. So weit mussit nich kommen, weil nämich in Ürland, Gott, in Ürland ham wohl ürländische Forscha herausjefunden, dit man lediglich 'n pah Tropfen Füschöl ins Futta tun brauch und schon pupsen die nich mehr so doll, die Kühe.

G: Ach nee.

A: Staunste, wa? Dit Problem wäre also jelöst. Könntiste ja villeicht doch noch mit raus, bisschen bummeln. Is schön lau da, die Vögel piepsen und der Spätkoof macht bald uff. Könnten wa prima uffen Weg Autospiegel abknicken oda in die Kabrios rinpinkeln.

G: Na, hör ma!

A: Spaß, Gott. Wah 'n Spaß. Ick meinte natühlich Autospiegel streicheln und die Kabriolehs bewundan, dit meintick.

G: Also ..., bisschen brauchick noch. Jeh du einfach schon vor, ick komm denn nach.

A: Bis gleich, Gott.

G: Bis späta.

A: Ach, Gott?

G: Ja?

A: Dose und Stummel sitzen ooch uff de Bank. Bring doch einfach deine Probleme mit, die ham janz jute Ideen manchmas, die beeden.

G: Haste Jeld?

A: Ja.

G: Ick will Sternburg.

Zwiegespräche mit Gott | *heute: Die Milch wird knapp*

A: Na Gott.

G: Na.

A: Na. Ick bin wieda da.

G: Sehick.

A: Ick mein außen Urlaub.

G: Ja.

A: Willste janich wissen, wie't wah?

G: Wie wah't 'n?

A: Jut.

G: Schön.

A: Bisschen kalt wah't.

G: Jefrorn?

A: Ja. Hat imma jeregnit.

G: Imma?

A: Imma nich. Manchma hats ooch nich jeregnit. Nachts.

G: Siehste. Wenn ab und zu ma die Sonne vorkiekt, denn is glei allit halb so schlümm, wa?

A: Nachts kiekt keene Sonne vor, Gott.

G: Ick denk, du wahst in Schweden?

A: In Südschweden. Außadem sind die Tage jetz nich mehr so lang.

G: Ach, habta 'ne Zeitreform jemacht, ja? Wegen Europa, wa? Erst Euro-Tunnel, denn Euro-Jeld, jetz Euro-Zeit, aba jeschieht euch janz recht, sehta ma, watta von habt. Von euren Euro-Wahn. Jetz kommt nich ma mehr die Sonne vor, weil die Natur, nämich, die richtit sich nämich nich nach eure ständijen Wechselspielchen, die hat ürgendwann keen Bock mehr und denn streikt se, wie die Lokführa.

A: Meinste, die Natur hat 'ne Jewerkschaft, Gott?

G: Du hast ja keene Ahnung, wattit allit jibt.

A: Türlich nich. Ick bin doch bloß 'n „Hüpf-in-die-Luft", Gott, der supajerne inne Luft hüpft und wenna ma nich inne Luft hüpft, denn wundata sich üba Blumen oda üba Jemüse. Selbstvaständlich hab ick vonne Naturjewerkschaft keene Ahnung, dit vasteht sich ja von selba.

G: Wie lang issa denn jetz, eua Tach?

A: Na, nich mehr janz so lang eben. Weil, wollten wa uns von die Amerikana abheben und von Afrika und hauptsächlich natühlich von Asien. Weil wa nämlich inne Zeitung jelesen hatten, dit die Asiaten uns mittlaweile voraus sind, weil die so fleißich sind wie die Bienchen und so selten Urlaub machen, dit wa denen dadurch denn deutlich hintaherhinken, mittlaweile.

G: Ja, die Asiaten sind würklich sehr fleißich, dit stümmt.

A: Siehste und deswejen hat die Europa-Regierung beschlossen, dit wa 'ne Zeitreform machen, weil wa nun ma nich so fleißich sein können wie die, weil hier ja alle ständich Urlaub machen wolln, brauchen wa eben 'n Trick um die zu übaholn, die Chinesen.

G: Kürzere Tage?

A: Sind erstma nur zehn Minuten, aba dit läppat sich. Sind in eenen Monat ... schon fünf Stunden, praktisch, in eenen Jahr zwee'n'halb Tage undsoweita, undsoweita. Sollst ma sehn, Gott, in tausend Jahre sind wa den Asiaten wieda um Jahre voraus.

G: In tausend Jahren!?

A: In'n weltjeschichtlichen Maßstab jesehn 'n Klacks, Gott.

G: Du willst mir wat üban weltjeschichtlichen Maßstab azähln, du?!

A: Ick willit nich, ick mussit scheinbah.

G: Hast Glück, dittick grad 'n Entspannungstee jetrunken hab.

A: Hast dir entspannt, ja, bein Tee Gott, schön.

G: Wah in Anjebot, inne Kaufhalle. A&P, attraktiw und preiswert, eins neun'n'neunzich.

A: Wahscheinlich keen fähra Anbau aba.

G: Jut möglich.

A: Die schwedischen Milchbauan wolln übrijens ihre Milch in Deutschland vakoofen, haste jehört Gott, wa?

G: Warum?

A: Weil die Milch knapp würd.

G: Warum würd 'n die Milch knapp?

A: Weil die Chinesen jetz ooch Milch trinken.

G: Deswejen wolln die Schweden ..., ick gloob ürgendein Glied fehlt da in deine Argumentatjonskette.

A: Villeicht ham die dit ja akannt, Gott, die Chinesen. Villeicht ham die unsan Trick durchschaut und jetz schlagen se zurück.

G: In dem se eure Milch austrinken?

A: Ja. So würkich hintajestiegen binnick ooch noch nich.

G: Kann dit sein, ditte dir in deinen Urlaub noch nich so richtich aholt hast, ja, ditte villeicht noch ma 'n Urlaub dranhängen soll-tist an deinen Urlaub?

A: Könntick einklich imma, 'n Urlaub dranhängen, Gott.

G: Vasuchet ma, kleena Tipp von mir, in einen außaeuropäischen Jebiet, in so'n Jebiet, wat von'n Streik noch nich betroffen is, wo der Tach noch die von mir einjeführten kompletten 24 Stunden hat. Fah ma nach Kuba, zun Beispiel, oda nach Israel oda inne Schweiz.

A: Inne Schweiz?

G: Na, die wern den Schnickschnack doch wohl nich mitjemacht ham.

A: Meinste inne Schweiz scheint die Sonne, währends ringsrum in Europa nieselt?

G: Musst ja nich hinfahn.

A: Och, villeicht fahick soja.

G: Mach ma, tschüss.

A: Tschüss Gott, ach ..., Gott?

G: Ja?

A: Dit mit die Zeitreform, dit wah übrijens ..., dit stümmte janich. Habick mir nur ausjedacht, wah Spinne.

G: Schon klah, mein Freund, schon klah.

A: Deine Naturjewerkschaft doch aba ooch, oda?

G: Nee, die jibs.

Zwiegespräche mit Gott | *heute: Lug und Trug*

A: Na Gott.

G: Na.

A: Na, heute inne U-Bahn hat neben mir eena telefoniert.

G: Ja. Kommt vor.

A: Habick einklich Pickel in'n Jesicht, Gott?

G: ...

A: Gott?

G: Psst. Ick zähle.

A: Du brauchst die nich zähln, Gott, du sollst ma bloß sagen, oppick welche hab, in'n Jesicht.

G: Nich mehr als sonst.

A: Ick hab doch normalaweise übahaupt keene Pickel in'n Jesicht!

G: Na, denn würste jetz wohl ooch keene ham.

A: Aba du hast die doch grade jezählt, Gott!

G: Ick werd' wohl jeschwindelt ham, ick hab' die wohl janich jezählt.

A: Du hast die janich jezählt?!

G: Ick hab die nich jezählt, nee.

A: Du hast jeschwindelt?

G: Ick hab jeschwindelt, ja.

A: Aba, du hast doch ma jesagt, Gott, dit du nie schwindelst.

G: Da, habick denn wohl ooch jeschwindelt.

A: Du bist ja eena.

G: Zweeje binnick nich, stümmt.

A: Na, wennick ehrlich bin, Gott, ick schwindel ja ooch manchmas.

G: Habick mir doch jedacht, den Mann inne U-Bahn, wa, den hats nie jejeben.

A: Den Mann, den hats durchaus jejeben, doch, doch.

G: Aba telefoniert hatta nich.

A: Doch, der hat telefoniert.

G: Aba er saß nich neben dir.

A: Aba, hallo, saß der neben mir!

G: Häh, und wo haste denn da jeschwindelt?

A: Da habick doch nich jeschwindelt, Gott. Ick hab doch nur jesagt, dittick manchma schwindeln tu, ooch. Sag ma Gott, wolln wa uns ma unsre größten Schwindeleien azähln, villeicht, ja?

G: Och, nee.

A: Och, doch.

G: Och, nee. Dit intressiert doch keenen.

A: Is doch ejal, wir sind doch unta uns. Also ick hab ja ma, als meene erste Freundin mit mir Schluss jemacht hat, ja Gott, da habick ja ma behauptit, dittick sie imma noch liebe und hab uff total valetzt jemacht und ihr voll 'n schlechtit Jewissen bereitet und denn, alsick unten, aus den Plattenbau von ihr, also wo sie jewohnt hat, rausjejangen bin, alsick außa Sichtweite wah, da habick denn voll losjejubelt, weilick die in Würklichkeit nämich janich mehr jeliebt hab.

G: Du bist ja 'n Ahsch.

A: Jetz du, Gott.

G: Erst nochma du.

A: Nee. Lass uns ma Zickzack machen.

G: Nee. Lass uns ma erst du zwee, denn ick zwee machen.

A: Okidoki. Also, wartte ma, ach so, ja. Also dit wah, da warick bei de Armee, Gott, in Prenzlau, in so'n Vamessungsbatalljohn, dit wah noch damals, wo wa in Osten noch keene Südfrüchte hatten, Kalta Krieg, und icke jedenfalls inne Zeichnabrigade, wo wa Pläne zeichnen sollten, Pläne, wo die Juten, also wir, denn so London, Paris und Bonn und so mit Atomraketen angreifen, Brüssel ooch. Und dafür, dit man dit zeichnen durfte, musste man aba zuvalässich sein, klah einklich, wah? Jut, deswejen mussten die Offiziere natühlich wissen, wer von uns möglichaweise nich so zuvalässich is, weila zun Beispiel Westvawandtschaft hat und so, naja, uff jeden Fall, sollten wa da 'n Zettel ausfülln, wo unta anderen zu beantworten wah, ob man eben solchalei Westvawandte oda ooch Bekannte in'n nichtsozjalistischen Ausland hätte. Wenn dieset der Fall sei, solle man die denn in so'ne Liste eintragen, die da mit druff wah, uff den Zettel. Und weeßte, wat ick jemacht hab, Gott?

G: Nee.

A: Ick hab ma da einfach jemeldet und jefragt, wattick machen soll, wenn der Platz in die Liste für meine janze Westvawandtschaft janich ausreicht. Und weeßte wat, Gott?

G: Nee.

A: Dit wah voll jelogen. Der Platz, der hätte locka jereicht.

G: Du bist ja, also, da fehln mir ja fast die Worte! Mann, Mann, Mann, keen Wunda, dit der Sozjalismus nich funktjoniert hat. Mit so'ne Tüpen wie dir.

A: Janz schön fies, wa? Aba jetz du, Gott.

G: Willste nich noch ma?

A: Du hastit vasprochen!

G: Na jut. Also, ick hab ja ma, als mich eena jefragt hat, oppa Pickel in'n Jesicht hat, da ...

A: Nee Gott, komm, ick hab dir ooch wat Schlümmit azählt.

G: Jut. Also, da jabs ma so'n Tüpen, weeßte, eena, der so voll außen Nähkästchen jeplaudat hat, watta nich allit und hollahi und hollaho und so, jedenfalls hattick ihn vasprochen, dittick eben ooch so hollahi und hollaho, weeßte, ürgendwelche Schoten außen Leben, schlümme Sachen, wo man ma nich die Wahrheit jesacht hat, naja, hattick ihm wie jesacht vasprochen, watta aba nich wissen konnte, dit wah, dittick voll jelogen hatte, alsick ihm dit vasprochen hatte, fies, oda?

A: Gott?

G: Ja?

A: Ick hätt' nie jedacht, dit du so fies schwindeln kannst.

G: Schlag ein, Bruda.

A: Tschüss Gott.

G: Tschüss Bruda.

A: Ach, Gott?

G: Ja, Bruda?

A: Sollick dir ma zeigen, woick würklich Pickel hab?

G: Lass ma, jibt Sachvahalte, da willick die Wahrheit lieba janich wissen.

Zwiegespräche mit Gott | *heute:*
Die Flamme der Revolution

A: Na Gott.

G: Na.

A: Na, die ham unsre Mülltonne vabrannt, Gott.

G: Wer?

A: Die kleenen Panka.

G: Is ja 'n dollet Ding.

A: Sagick dir. Erst hamse vor'n Nachbahaus rumjestanden mit ihre Rekorda, einen Heidenlärm vaanstaltet, und denn, als jeda rechtschaffende Bürga schon längst in sein' Bett vaschwunden wah, sind se uff unsan Hof und ham da jezündelt.

G: Warum haste se nich denn nich dran jehindat?

A: Weil ick, Gott, zu die rechtschaffenden Bürga mit dazujehöre.

G: Du?

A: Wat dajegen?

G: Mit andan Worten, du hast da ooch schon jeschlafen?

A: Ick hatte einen anstrengenden Tach hinta mir. Ick musste ja, also früh, da binnick ja erstma ...

G: Jaja. Aba wenn du ooch schon jeschlafen hast, woher weeßte denn so jenau, wie'it passiert is?

A: Villeicht, weilick eins und eins zusammenzählen kann, der Herr.

G: Ach kiek an, na, denn ma los, binnick ma jespannt.

A: Dürfick?

G: Hmm.

A: Zwei.

G: Richtich. Könnten aba jenausojut ooch andere jewesen sein, betrunkene Turisten, zun Beispiel, die sich jeärgat ham, dit der Prenzlaua Berg in ihre Reiseführa imma noch als Szene-Bezürk jilt, oda Spekulanten, wär ooch 'ne Möglichkeit, Spekulanten, die euch heimlich den Boden untan Füßen wegjekooft ham und die jetze eben vasuchen, eure Mietskasernen aus de Würklichkeit zu radiern, damit se dit Land späta, in alla Ruhe, an wat weeß icke wen vascherbeln könn' ...

A: Deswejen zünden se 'ne Mülltonne an, oda wat?

G: Manchma jenügt ein Funke, wenna übaspringt.

A: Dit hat die janze Nacht jeregnit, Gott.

G: Hamse villeicht den Wettabericht nich jesehn.

A: Hmm. Und ick sag dir, dit wahn die kleenen Panka. Is schließlich nich dit erste Mah, dit die ufffällich jeworden sind. Die ham ja schon mehrmals, ham die Bierflaschen zaschmissen, mitten uff de Straße, Gott. Und anne Häusawände krakeln se ständich wat ran. Und der Hamma is die eene Olle von die, die hat eine Stümme, die kreischt dermaßen, Gott, dit hältste in'n Kopp nich aus.

G: Die terrorisiern euch also, die Jugendlichen.

A: So schlümm issit nu ooch wieda nich.

G: Habta ma vasucht, mit die zu reden?

A: Meinste, dittick den netten Psücho-Onkel spiel, ja? „Bitte, bitte, denn krichta ooch 'n Bonbon", Multikulti is jescheitat, Gott, sieh'it endlich ein!

G: Ach nee. Biste jetz bei die „Ab ins Laga"-Fraktjon jelandet, ja? Willste jetz Ordnung schaffen, ma schön? Saubara unsere Städte und Jemeinden? Issit dit, watte willst?!

A: Ick will lediglich, dit da wieda 'ne Mülltonne steht! Ick will die volljeschissenen Windeln von unsre Kleene da drin entsorgen könn', mehr nich!

G: Wo schmeißta se denn jetz rin?

A: Bei unsre Nachbahn.

G: In'n Vorjahten?!

A: Inne Mülltonne.

G: Is aba ooch nich alaubt, weeßte, wa?

A: Weeßick.

G: Pass ma uff, ick mach euch ma 'n Anjebot. Ick ruf ma einfach, morgen früh, rufick einfach ma da bei die Stadtreinijung an und frag die ma, ob die euch da 'ne neue Mülltonne hinstelln würden.

A: Dit würdiste tun, Gott?

G: Na, wer binnick?!

A: Mussick schon sagen, Gott, bist schon echt 'n Lieba.

G: Eens allahdings müssta mir vasprechen.

A: Sag an.

G: Den kleenen Pankan, ja, den' würd keen Haar jekrümmt, den' darf nüscht passiern, vastanden?

A: Die solln ihra jerechten Strafe entjehn?!

G: Die hamse längst ahalten, die Strafe. Wat meinste, wat die für'n Schädel hatten an'n Morgen danach, die hatten unta Garantie einen mordsmäßijen Kata.

A: Aba Gott, sag ma, laden wa dadurch nich gradezu Nachahmungstäta ein, sich ooch ma als Feuateufel zu vasuchen?

G: Mülltonnen wern imma brenn'.

A: Nich, wennit keen Müll mehr jibt.

G: Müll würds imma jeben.

A: Nich, wenn …

G: Gloobit einfach.

A: Tschüss Gott.

G: Tschüss du.

A: Ach, Gott?

G: Ja?

A: Danke.

Nachwort

Im ersten Teil, in den frühen Jahren, waren die „Zwiegespräche"
in viel stärkerem Maße selbstreferenziell und berauschten sich
noch an ihrem Sujet: ein einfacher Berliner trifft den Allmächti-
gen. Gott und insbesondere seine Heiligkeit waren in diesen
Texten noch viel stärker der deus ex machina. Gottes Omnipo-
tenz und Aseität werden wiederholt in Frage gestellt. Der Autor
nimmt erkennbar Bezug auf den biblischen Apostel Thomas
und seinem Weg zum bekennenden Glauben an Jesus Christus.
„Wenn ich nicht die Male der Nägel an seinen Händen sehe und
wenn ich meinen Finger nicht in die Male der Nägel und meine
Hand nicht in seine Seite lege, glaube ich nicht" (Joh. 20,25).
Spannend und doppelbödig ist der Hinweis auf Thomas gerade
auch, da sich dessen Name aus dem aramäischen Wort für
„Zwilling" ableitet und in der syrischen Tradition daher als Judas
Thomas (sic!) erscheint. Hier treibt der Autor ein Vexierspiel mit
den verschiedenen Ebenen unserer Wahrnehmung des Textes
und der Darstellung der himmlischen Figur im Text.

Im vorliegenden Band hat sich die Gotteswahrnehmung des
Autors erkennbar weiterentwickelt. Gott wird nicht mehr als Wel-
tenschöpfer und Allwissender in Frage gestellt, doch aber als
Allmächtiger und Weltenherrscher. Hier wagt sich Ahne an das
schwierige Problem der Theodizee: Wenn Gott allgütig und all-
mächtig ist, warum lässt er das Böse in der Welt zu? Man glaubt
es kaum: Plötzlich steht dieser schmächtige Mann nicht mehr
auf der kleinen Bühne des „Kaffee Burger", sondern in einer
Reihe mit Philosophen von Rang wie Lacan, Hegel oder natürlich Leibniz, die sich schon mit dem Problem auseinanderge-
setzt haben.

Natürlich kann Ahnes Text nicht an die Witzigkeit eines Lacans,
die Leichtfüßigkeit der Kabbala, die Schlagfertigkeit Hegels oder

den trockenen Humor Leibniz' heranreichen, aber dafür sind seine „Neuen Zwiegespräche mit Gott" tiefgründiger, ernster und beinhalten für jeden, der ein selbst gekauftes Exemplar des Buches von vorn bis hinten durchliest, erstmalig die Antwort auf dieses bisher nicht umfassend gelöste Problem.

Jakob Hein